괜찮으려고,
괜찮아지려고

전소영

차 례

그리움　5

빈자리　23

아빠　29

반짝였던 꿈　37

짠 감, 강박　47

　　　　　　　　　열다섯 아기　61

　　　　　　　　　친구　73

　　　　　　　　　꿈　87

　　　　　　　　　후회　95

　　　　　　　　　향수　103

무쓸모　111

불안　121

차단　129

재개　135

빛나는 쓰레기　143

그리움

 몇 월인지 모르겠다. 그저 빨간색 시외버스가 내달리며 따듯한 바람과 함께 흩뿌린 먼지들이 내 눈물을 뒤덮은 기억만 날 뿐이다. 심장병을 앓고 있던 나는 버림을 받았다고 생각했다. 어쩔 수 없이 시골에 두고 갈 수밖에 없던 엄마를 데려간 빨간 버스가 너무나 미웠다. '할머니가 없었다면 엄마와 평생 함께할 수 있었을 텐데.'

 내 눈물을 하염없이 닦아주는 할머니도 그땐 빨간 버스와 다름없었다.

 새로 머물게 될 곳은 파란 대문 너머 넓은 마당 위에 지어진 집이었다.

대문을 지나 왼쪽 한 편에는 화려한 꽃들이 잔뜩 깔려있고, 맞은편엔 우리가 지낼 낡은 집이 있었다. 석면 슬레이트 지붕을 받치고 있는 키 큰 찬장과 아궁이에서 나오는 연기를 내뿜는 굴뚝, 단단한 나무 기둥을 따라 시선을 내리면, 이가 잘 맞지 않는 창호 문과 넓은 마루 아래로 커다란 돌멩이, 시멘트 벽돌로 구색을 맞춘 신발장이 있었다. 초가집과 비슷한 구조라고 보면 된다. 이 집엔 큰방과 작은방으로 방이 두 개. 훗날 키가 커 함께 잘 수가 없는 오빠가 작은 방을 독차지 하게 된다.

 시작은 셋이서 함께였다. 큰 방의 2/3는 잠을 자는 공간이다. 가장 안쪽엔 오빠가, 문 쪽엔 할머니가, 나는 중간에서 언제나 두 사람의 온기를 느끼며 잠에 들었다. '상 펴라.'라는 소리가 문밖에서 들리면 떨어진 반찬으로부터 이불을 방어하고자 돗자리를 먼저 폈다. 김치와 몇 가지 나물 반찬들. 밥을 남기면 호되게 혼났기 때문에 입맛에 맞지 않아도, 배가 불러도 밥을 남기지 않는 습관은 여전하다.

편식 없이 골고루 잘 먹었던 기억은 왜곡된 기억이었는지 할머니와 친구의 기억으로는 햄이 없으면 반찬 투정을 부렸다는 얘기를 듣기도 했다.

엄마는 필요한 것들을 택배로 보내주셨다. 학용품과 시리얼 사이에 있던 참치통조림이 기억에 선명하다. 차가운 참치를 뜨거운 밥 속에 묻어두고 잠시 기다렸다가 참치캔에 다시 넣어 남은 기름까지 싹싹 비벼 먹는 게 오빠와 둘만의 레시피였다.

여기서 절대 살고 싶지 않던 첫 마음과 다르게 하루가 지날수록 적응해 나갔다. 엄마가 보고 싶어 눈물이 멈추지 않는 날마다, 할머니는 작은 등에 나를 업고 울다 지쳐 잠들 때까지 어화둥둥 달래주셨다.

"울지마라 내 새끼. 울지마라. 열 밤만 자면 엄마 온다."

열 밤이 지나도 엄마는 데리러 오지 않았다. 눈물이 마르지 않아도 유치원은 가야 했기에 이사 온 지 얼마 되지않아 등원을 시작했다. 유치원에서 만난 친구들은 할머니와 산다는 이유로 부모님이 없다며 놀렸고, 심장병이 옮는다며 장난감도 같이 쓰지 않으려 했다. 혈액형이 같으면 한입씩 나눠주고 했던 간식도 난 제외였다. 이후 10년의 쓸쓸함, 왕따의 이유였다. 그나마 집 근처에 사는 친구 덕분에 긴 시간을 버텼지만, 그마저도 버림받을까 봐 늘 조바심 속에서 불안하게 지냈다.

일요일엔 할머니가 300원을 손에 쥐여주며 교회로 보냈다. 200원으로는 달콤한 코코아를 뽑아 먹고, 나머지 100원은 헌금으로 냈다. 6년 인생 중 손에 꼽는 달콤한 날이었다. 교회에선 외로울 시간이 없다. 유치원에서 잘 놀지 않던 친구와도 놀 수 있었다. 오전에 어린이 예배가 끝나면 파워레인저, 매직키드 마수리 놀이를 하며 교회 식당을 누비기도 했고, 놀이터에 가서 두꺼비집도 만들며 흙투성이가 되기도 했다.

점심을 먹고 나면 어른, 아이 할 것 없이 모두 모여 잡기 놀이나 숨바꼭질을 했다. 몸이 안 좋은 나는 언제나 깍두기였지만 놀 수 있다는 것만으로 기분이 좋았다. 숨이 목 끝까지 차오를 때까지 달렸다. 이 순간만큼은 남들과 똑같은 아이였다.

저녁까지 먹고 교회 근처 이모네 집으로 가면 할머니가 기다리고 계셨다. 개그콘서트도 보고 과자도 먹으며 시간을 보냈는데 나는 그새를 못 참고 할머니를 쿡쿡 찔렀다.

"빨리 집에 가자. 우리끼리 놀자."

내 말에 못 이겨 집으로 가는 한적한 골목길. 담장 너머로 들리는 개 짖는 소리와 우리 셋의 목소리뿐이었다. 오늘은 오빠가 안 놀아줬다고 일러바치면, 오빠는 나를 때리고 도망갔다. 따라잡을 자신이 없어 할머니 손을 꼭 잡고 '다 말해'라며 입만 뻐끔거렸다.

우리 집은 욕실이 없어 마당에서 씻어야 했다. 계절마다 달랐던 우리의 샤워 방식.

볕이 쨍한 여름이면 저녁 먹기 전에 집으로 가야 했다. 커다랗고 빨간 고무대야 두 개에 담겨 있는 물이 식기 전에 와야했기 때문이다. 오로지 뜨거운 햇살로 데운 물이라 해가 지면 금세 식어버렸다. 한 날은 너무 씻기 싫어서 떼쓰며 삐죽거리다가 할머니에게 뒤통수를 세게 한 대 맞았다. 어렸을 때 코피가 자주 나긴 했지만, 쌍코피는 처음이었다. '다 말해'는 오빠에게만 하던 말이 아니었나 보다.

"엄마한테 다 말해. 할머니 미워."

할머니는 콧구멍을 막아주고 수시로 들여다보면서 한마디씩 던지고 갔다.

"개안나?"
"코피 이제 안나나?"
"그쳤나, 인자 한쪽만 나나?"
"휴지는 갈았나?"

내가 정말 다 말했는지 기억은 안 나지만 엄마는 올 때마다 우리 옷을 다 벗기고 몸을 훑었다고 했다.

겨울엔 할머니가 가스레인지에 물을 데워 수건 두 장을 적실 동안 수돗가에 쭈그려 앉아 얼음장 같은 물로 양치 했다.

"닦그로 이제 온나."

시린 이가 부딪혀 소리가 날쯤 할머니의 목소리가 들리면 마루로 허겁지겁 올라갔다. 따듯한 온기를 머금은 수건으로 온몸을 닦았다. 방으로 들어가 얼어있는 발을 난로에 녹이고 이불 안에 들어가 있으면 할머니는 간식이 든 양은 찬합을 건네곤 다시 나가셨다. 양치하다 튀긴 치약 자국과 마구 뒤집어진 신발들, 여기저기 흩어진 비누 같은 우리의 흔적들을 지우고 나서야 들어왔다.

가끔씩 사촌들과 목욕탕을 가기도 했다. 그곳은 우리의 놀이터였다. 옷을 홀라당 벗고 바로 온탕에 몸을 푹 담갔다. 때가 잘 밀릴 수 있게 오랫동안 불리라는 할머니의 말을 외면한 채, 등밀이 기계 앞에 앉아 버스 놀이를 했다.

"꼬모 사줘."
"고마 오찻물 싸온거 마시라. 얼리놔서 시원타"

놀다 심심해지면 꼬모나 바나나우유를 사달라고 졸랐다. 그런 나의 말에 대답은 수건에 감싸진 오찻물이 대신했다. 할머니는 시간이 지나면 한 명씩 불렀다. 차가운 바닥에 수건을 깔고 구석구석 온몸의 때를 밀어주셨다. 어찌나 세게 밀었는지 거뭇거뭇한 우리들은 새빨개지기 일쑤였다. 눈물을 머금은 세 명의 소녀의 입이 댓 발 나오면 그때 꼬모를 사주셨다. 바닥까지 싹싹 훑고 마지막 양치까지 하면 우리의 목욕은 끝이다. 선풍기를 켜고 평상에 앉아 몸을 말리며 어설프게 옷을 입었다. 선풍기 바람에

머리가 다 마를 때쯤 할머니가 집에 가자며 탕 안에서 나왔다.

 버스를 타기 위해 밖으로 나오면 차가운 바람이 따끔따끔 볼을 스친다. 옷에 닿은 살들은 따갑다 못해 뜨거웠다. '엄마는 이렇게 안 했는데, 부드러운 걸로 씻겨줬는데' 한껏 예민해져서는 길가에서 생떼를 부렸다. 할머니는 아무 말 않으시고 정류장 근처에 있는 붕어빵 아저씨에게 우리를 데리고 갔다.

 "붕어빵 삼천 원어치 주이소."

 눈물 젖은 나의 붕어빵.

※

 뽀얀 피부에 발그레한 볼, 턱까지 오는 단발머리,

자주색 립스틱을 바른 여자가 할머니 앞에 앉아 있다. 웃기게도 내 모습이다. 유치원 졸업 사진을 찍기 위해 아침부터 분주했다. 입술 색과 비슷한 학사모를 쓰고 망토까지 두르니 못난이 인형이 따로 없었다. 할머니와 엄마는 깔깔 웃으며 나를 바라보셨다. 엄마는 왜 이렇게 화장했냐며 할머니를 나무랐지만, 유치원에서 졸업 선물을 받은 나는 그저 신이 날 뿐이다.

"버네너, 바이올린"
"이거는?"

엄마의 손가락은 책에 그려진 창문을 가리킨다.

엄마가 선물로 책을 사 오셨다. 영어를 읽어보라며 그림을 하나씩 짚고선 내 대답을 기다렸다.

"창문~"

나에게 너무 어려웠던 Window. 우리가 큰방이라고 불렀던, 넷이서 자기에 비좁은 방에 누워 시간가는 줄 모르고 배꼽이 빠져라 웃었다.

엄마가 오면 좋은 점이 많았다. 롯데리아 데리야끼 햄버거도 먹을 수 있고, 시내에 나가 고기를 먹고 올 수도 있다. 그보다 더 좋았던 점은 머리를 감겨줄 때였다. 어깨에 수건을 두르고 마루에 목만 빼꼼히 내밀어 누워있으면 온통 세상이 거꾸로 보인다. 꽃도, 빨랫줄도, 엄마도.

디딤돌에는 신발 아닌 따듯한 물을 담은 세숫대야가 올라왔다. 부드러운 손길이 내 머리를 적셨다. 나는 거품이 들어갈세라 두 눈을 질끈 감고 있다가 그새를 못 참고 엄마 얼굴이 보고 싶어 한쪽 눈을 살짝 뜨면 미소진 얼굴이 나를 바라본다. 내 입꼬리도 올라갔다.

선풍기에 머리를 말리고 나면 엄마의 커다란 갈색 부츠에 내 발을 넣었다. 엉성한 걸음걸이로, 담담한 척 언제 가는지 물었다.

"이틀 뒤에. 돈 벌고 또 올게. 보고 싶으면 전화해. 1541 알지?"

밖에서 놀다 돌아오면 갈색 부츠는 없었다. 인사도 하지 못했는데.

"엄마!"

그 후엔 혹시 우리 목소리 듣고 발길을 멈출까, 그렇게 차 시간을 늦출 수 있을까, 골목길에서부터 소리를 지르며 집으로 달려갔다. 엄마가 있어야 할 자리엔 할머니만 계셨다.

※

 유치원생은 올라갈 수 없던 미지의 공간. 학교 2층. 1학년이 되었기에 나도 올라갈 수 있게 됐다. 벽에 나란히 전시된 학생들의 미술작품을 따라가다 보면 복도 끝에 전교생의 사진이 걸려있다. 구석에 빼꼼히 만세를 하며 서 있는 유치원 시절의 나도 보인다. 쿰쿰한 책 냄새가 나던 도서관과 비 오는 날이면 특유의 나무 냄새가 선명했던 복도가 기억난다.

 1학년이 되고 처음 여름을 맞이했을 때 하늘에 빵꾸가 났다는 말이 이해될 정도의 비가 내렸다. 하수구에서 역류한 물은 푸릇한 잔디를 덮었고, 도랑이 넘쳐 도로에도 물이 한가득이었다. 태풍 '매미'가 우리 마을을 덮친 날이다. 선생님들은 하교 시간을 늦췄고 비가 잠잠해질 때까지 영화를 틀어줬다. 두 편쯤 봤을까 그제야 비는 잦아들었고, 집으로 가도 된다는 얘기를 들었다. 부모님이 데리러 오는 아이, 차를 타고 가던 친구. 모두 집으로 가기 시작했다.

"할머니는 우리 안 좋아하는갑다."

나는 투덜거리며 오빠의 손을 꼭 잡고 집으로 발걸음을 옮겼다.

도랑의 거센 물은 우리를 잡아먹을 듯 휘몰아쳤다. 동네 어른들의 주의 속에서 거친 담벼락에 몸을 바짝 붙인 채 길목을 겨우 지날 수 있었다. 젖은 옷을 갈아입고 얼른 눕고 싶다는 생각에 집으로 뛰어갔지만 도착했을 땐 전쟁의 시작이었다. 집 뒤에 있던 도랑이 넘쳐 범람했고, 꽃도 화장실도 집도 모조

리 잡아먹었다. 마당 가득 물이 찼고, 신발은 동동 떠다녔다. 할머니는 방 안에 물이 들어갈세라 닦고, 퍼내고, 떠내려가는 신발을 붙잡았다. 우리의 도움이 얼마나 됐을지 모르겠지만 서둘러 바가지를 들었다. 밑 빠진 독에 물을 붓듯 마당에 있는 물을 골목길로 퍼냈다.

 태풍이 지나가고, 여름은 여름이어라 비가 참 자주 왔다. 우산 없이 등교했던 나는 창문 밖을 내려다보고 있었다. 갑작스레 내린 비는 친구들의 부모님을 불러왔다. 차에서 내려 건네주는 우산이 참 부러웠다. 물론 할머니도 내 우산을 챙겨주러 학교에 오셨다. 멋진 자동차가 아닌 삐그덕거리는 것을 끌며.

 유모차에 우산 두 개를 싣고 저 멀리서 할머니가 걸어오는 모습이 보여 얼른 뛰어 내려갔다.

"아나. 우산. 오빠야 것도 단디 챙기라."

잔뜩 짜증 난 얼굴로 우산을 퍽 하고 뺏어 들었다. 친구들의 부모님은 멋있고 할머니의 모습은 부끄러웠다. 부모님의 마중이 부러웠던것일까, 멋진 자동차가 부러웠던 것일까. 와도 난리, 안 와도 난리. 부모랑 떨어져 사는 게 뭔 대수라고 그렇게 성질을 부렸다. 당시에도 그런 나 자신이 부끄럽고 죄송스러웠던 기억이 생생하다. 뒤돌아 가는 할머니의 뒷모습은 아직도 잊을 수 없다.

빈자리

 나도 오빠처럼 빠진 이를 지붕에 던질 수 있게 됐다. 빨리 빠졌으면 하는 마음에 흔들거리는 이를 혀로 이리저리 밀었다. 까치가 물어가는 장면을 상상하며 한껏 기대했다. 치아는 생각보다 쉽게 빠졌고 할머니와 함께 던질 마음에 집으로 뛰어갔지만 아무도 없었다. 나중에 함께 던질 바람으로, 휴지로 똘똘 뭉쳐 찬장에 고이 모셔두고 밖에 나가 놀았다.

 해가 질 무렵, 싱글벙글 집으로 갔다. 할머니는 여느 때처럼 수돗가에 앉아 계셨다. 근처에 쪼그려 앉아 입을 활짝 벌리고 허전한 잇몸을 보여준 뒤, 이를 던지기 위해 찬장에 두었던 휴지 뭉치를 찾기 시작했다.

"할머니, 여기 있던 내 이빨 못 봤나?"
"모르는데."

 울먹거리며 아무리 뒤져봐도 없다. 할머니가 쓰레기인 줄 알고 버린 것 같다고 했다. 내 이, 내 까치.

 던질 기회가 한 번밖에 없을 것 같던 내 치아는 순서대로 빠지기 시작했다. 그때의 쾌감, 내가 커가는 모습을 눈으로 확인할 수 있는 증거라 기뻤다. 마루에 앉아 발을 저으며 엉덩이를 들썩거렸다. 할머니가 뒤에서 날 보고 있는지 모르고 벌떡 일어났고 내 단단한 정수리는 할머니의 입을 강타했다. 이내 할머니 입에선 피가 흘러나왔.

 정수리를 부여잡으며 안부를 물었지만 손을 휘휘 저으며 저리 가 있으라고 했다. 속으로 '난 이제 죽는다. 할머니한테 죽는다.' 생각하며 긴장한 채 마루에 앉았다. 입을 몇 차례 헹군 뒤 마루로 와 나를 바라봤다.

"쪼매 흔들거리네. 괘안타. 나가 놀아라."

혹시 더 있으면 할머니 마음이 바뀔까 하는 생각에 갈 곳도 없었지만 뛰어나갔다. 며칠 지나지 않아 할머니의 약한 잇몸에서 이는 빠져나갔다. 빈 공간은 내가 커가는 증거이자 할머니가 늙어가는 증거였음을 크고 나서야 눈치챘다.

※

여름.

친구와 함께 도랑으로 내려갔다. 오빠들이 없는 물놀이는 아직 두려웠기에, 우리는 얕고 집 가까이에 있던 도랑을 선택했다. 옷이 더러워지지 않도록 조심히 놀던 중 이끼에 미끄러져 넘어지고 말았다. 할머니의 야단을 떠올리니 겁이 났다. 이른 오후, 전화로 친구 집에서 자고 싶다고 말했고 샤워와 밥을 해결할 수 있다는 얘기에 할머니는 허락해 주셨다.

  깨끗하게 씻고 친구의 옷으로 갈아입었다. 잠자리에 누워 바라본 마당엔 엉성하게 씻긴 내 무지개 원피스가 빨랫줄에 걸려있었다.

  밝은 별이 쉽게 잠들지 못하게 했다. 팔로 눈을 가리고 겨우 잠에 들쯤 무엇인가 이마를 툭툭 쳤다. 다시 한번 강하게 내리친 파리채에 무시는 그리 오래가지 못했다. 눈을 뜨니 친구 오빠가 머리맡에 서 있었다. 그는 따라오라는 말을 남기고 먼저 자리를 옮겼다.

내가 부엌 문지방을 넘자 그는 문을 잠갔고, 옷을 벗으라고 했다. 무슨 의도인지 어려도 알 수 있었다. 싫다는 내 말과 동시에 그 사람의 손엔 칼이 들려있음을 눈치챘다. 바로 내 뒤에 커다란 문이 있었고, 바로 옆방엔 친구 부모님이 계셨다. 그런데도 나는 아무것도 할 수 없었다.

 친구가 나를 찾는 소리에 상황이 마무리됐고 끝나지 않을 것만 같던 긴 밤도 지나갔다.
 "경찰에 신고하자."

 집으로 달려가 빨래하는 할머니에게 말했지만 경찰이나 엄마와 아빠, 아무도 오지 않았다. 아무 일도 일어나지 않았다. 내가 직접 친구의 부모님에게 말하고 나서야 높아서 보이지 않던 그 사람의 정수리를 볼 수 있었다. 어쩐지 모두가 미웠고, 보호받는 그 사람이 부러울 지경이었다. 바뀌지 않는 현실에 나도 입을 굳게 닫았다.

아빠

"니 아빠가 내 몸빼를 빌려 입드만 고마 터자뿌대."

아빠의 건강한 모습을 기억하는 할머니의 말씀이다. 키도 크고 허벅지가 어찌나 두꺼웠던지 힘이 무척 셌다고 한다. 걷기 힘들어하는 나를 번쩍 들어 넓은 어깨에 걸었기에 할머니의 말은 믿을 수밖에 없었다.

그런 아빠를 보기 위해 방학마다 파란 버스를 타고 이동했다. 아빠는 부산에서 가장 멋진 택시 기사였다. 모르는 길이 없어 마치 내비게이션 같았고 동네별 맛집을 꿰고 있었다. 가끔은 나를 태우고 운행

하기도 했는데 선글라스 낀 옆모습은 톰 크루즈처럼 보였다.

"오늘 맛있는 거 묵고 드갈까?"

운행이 끝나면 둘이서 외식을 하기도 했다. 부산의 톰 크루즈는 근사한 식당이 아닌 뷔페식 기사식당에 데려갔다. 허름한 외관에 실망하고 맛깔난 반찬에 감동했다. 최고의 맛집에 데려왔다는 것을 곧바로 알 수 있었다.

외식을 하지 않을 땐 내가 종종 밥을 차리기도 했다. 계란후라이, 계란말이, 라면에 계란넣기 등 계란밖에 없는 밥상이지만. 한판이 없어질 때쯤엔 엄마도 오셨다. 모든 가족이 모이는 날이면 밥상에 반찬 놔둘 곳이 모자랄 정도로 진수성찬이었다. 새 밥 짓는 냄새와 보글보글 끓어오르는 불고기전골 냄새가 지금도 나는 것 같다. 엄마는 밥하고 할머니는 청소하고 오빠는 게임하고 나는 한 번만 시켜달라고 졸랐다. 평범한 일상을 지내다 보면 조금 지나지 않아 아빠가 들어왔다.

그날은 아빠가 검정 봉지를 가지고 퇴근한 날이었다. 회쟁이인 나를 위해 회를 사 온 것이 분명하다는 생각을 하며 봉지를 열었지만 먹음직스러운 회가 아닌 귀여운 분홍색 신발 한 켤레가 담겨 있다.

"공주꺼! 함 신키바라."
"메이커 없는기가!?"
"오빠야는 컴퓨터 마이 해라!"

오빠 선물 없이 내 것만 담겨있는 것에 철없이 좋아했다. 오빠는 모르는 체했고 엄마는 신발을 들고 어디 메이커인지부터 찾았다. 각자의 말을 할 뿐이지만 이어져 있음을 알 수 있었다.

 며칠 지나고 돌아가야 하는 엄마는 냉장고를 채우기 위해 장을 보러 간다고 했다. 엄마와 함께하는 시간은 언제나 즐겁기에 나도 따라나섰다. 마트에 들어서면 으슬으슬한 공기가 피부를 닭살 돋게 하고 신선 야채칸에서 나오는 안개는 내 시야를 가렸다. '확실히 점빵이랑 다르구만.' 부산에 살면 좋겠다고 생각하며 엄마와 무엇을 살지 얘기하며 마트를 거닐었다.

 네 손 무겁게 장을 보고 집으로 돌아가는 길. 대낮부터 술 취한 아저씨가 엄마와 나를 쳐다봤다. 재빨리 눈을 깔고 갔지만 역시나 아저씨는 우리를 향해 소리 지른다. 한 성격 했던 엄마는 지지 않고 맞받아쳤다. 그사이 나는 얼른 집으로 뛰어갔다. 행색은 도망이 더 어울릴지도.

아빠에게 상황을 말하고 다시 나가려고 문을 여니 화난 엄마가 잰걸음으로 오고 있었다.

"아빠가 혼내주러 나가보면 안 돼?"

말하는 사이 아파트 복도가 그 아저씨 목소리로 가득 울려 퍼졌다. 엄마를 따라온 것 같았다. 두 눈에 물이 고이고 몸을 떠니 아빠가 문을 열고 말했다.

"가소."

아파트가 단숨에 조용해졌다.

✷

방학의 끝이 보여 다시 시골로 가야 하는 날이 왔다. 아쉬움에 투덜투덜 내뱉는 말이 길었다. 그런 딸을 달래주려고 했을까. 아주 가끔이었지만 시골에 데려다주기도 했다. 항상 할머니와 버스를 타고 갔기에 이런 날은 드물지만 특별한 시간이었다.

짐을 챙기고 조수석에 앉아 출발하자 시내에는 위아래로 손을 흔드는 사람들이 보였다. 아빠는 빈차 표시등을 껐다. 온전한 나의 시간이라는 기분이 들었다. 노래를 부르면서 어깨를 움직였다. 아빠를 따라 싱하형 표정도 짓고 요즘 제일 좋아하는 음식은 무엇인지 시시콜콜한 대화도 나눴다. 그런 시간도 얼마 지나지 않아 졸려 잠에 들었다.

아빠는 나를 깨워 함께 껌을 씹자고 했다. 글로브 박스에는 언제나 자일리톨이 들어있었다. 잘 불어지지 않는 껌이라 불고 터지기를 반복하던 그때 아빠는 굉장히 큰 풍선을 불었다. 이 글을 쓰는 지금도 나 몰래 풍선껌을 씹은 게 아닐까 하는 의심을 할

정도였다. 나를 보며 웃는 사이에 껌은 허탈하게 터져버렸다. 껌은 아빠 얼굴을 덮쳤고, 차 안에서 웃음이 끊이질 않았다.

집에 도착하면 아쉬워서 차 주변을 뱅글뱅글 돌았다. 계속 있을 수 없는 아빠는 마지막 인사를 나눌 땐 특별한 뽀뽀를 해줬다. 검지와 중지만 핀 채로 자신의 입술에 한번, 내 입술에 한번, 다시 아빠 입술에 가져가면 정말 마지막 인사였다.

반짝였던 꿈

"너는 이불에 쉬 한번 안쌌다. 애기 때도 기저귀에 안싸서 항상 피곤했다. 고마 싸지."

실수 한번 한 적 없던 나에게도 뜨거운 비밀이 있다.

전화 요금이 부담됐던 할머니는 엄마에게 전화하는 것을 좋아히지 않았다. 그런 내겐 콜렉트콜 전화가 단비 같은 존재였다. 동네에 하나뿐인 점빵 앞에는 공중전화 하나가 서 있었고 엄마 목소리가 듣고 싶을 때면 언제나 그곳에 들렀다.

"엄마."

누구인지 전달할 수 있는 시간은 3초. 엄마가 아무 버튼을 누른 시간은 1초. 내가 말을 끝맺기도 전에 망설임 없이 전화를 받았다. 교회나 학교에서 있었던 일, 엄마의 하루는 어땠는지를 물으며 보고 싶음을 수화기 너머로 전했다. 더 전화하고 싶은 내 마음을 모르는지 방광은 이만 끊으라며 재촉했다. 몸의 신호를 무시하고 계속 통화하자 보고 싶은 마음을 눈으로 확인하라는 듯 바지가 선명하게 젖어 나갔다.

부끄러운 추억이 잊힐 때쯤 우리의 생일이 다가오고 있었다. 오빠와 나는 생일이 하루 차이라 엄마가 꼭 오셨다. 10살의 생일도 여느 때와 같이 목 빠져라 기다렸지만 사정상 오지 못한다고 했다. 슬펐지만 참아야 했다.

나는 일기장에 글씨 반, 눈물 반으로 채웠다. 일기

장을 확인한 담임선생님은 작은 선물을 준비했다며 학교를 마치고 교실에 남아있으라고 했다. 교무실에서 돌아오시는 선생님은 다정하게 내 이름을 불렀다.

"좋아했으면 좋겠다. 다른 친구들한테는 비밀이야."

분홍색 파우치 안에는 선생님의 향기가 가득 배어있는 하얀 상자가 들어있었다. 상자를 열어보니 빨간 구슬이 포인트인 하얀색 구슬 악세사리 세트가 있었다. 엄마 아닌 다른 사람에게 처음 받아보는 생일 선물이었고, 가장 멋진 선물이었다. 속에 있던 설움이 사라졌다. 다른 사람의 다정함으로 위로받을 수 있다는 사실을 처음 알게 된 날이었다.

그 선물은 하고 다니기엔 아깝다며 할머니가 장

롱 속 어딘가 깊게 숨기셨다. 깊게 숨긴 만큼 찾지 못했고, 찾지 못한 만큼 잊히지 않았다.

그즈음 노래로 칭찬을 더러 받기 시작했다. 공부면 공부, 운동이면 운동. 어느 하나 잘난 게 없던 내가 목소리로 인정받았고, 생일에 오지 못한 엄마가 처음으로 학예회를 보러 온다고 했다. 부모님 없다고 놀렸던 친구들에게 누구보다 예쁜 엄마를 보여줄 생각을 하니 어깨가 하늘을 찔렀다. 엄마에게도 멋진 딸의 모습을 보여주고 싶었다.

학예회 무대는 반 전체가 하는 리코더 연주 후에 소수 인원을 뽑아 합창 무대를 준비한다고 했다. 단단히 마음을 먹고 테스트를 보러 갔지만 가사를 외우지 못해 입 한번 열지 못하고 떨어졌다.

> 처음으로 엄마가 학예회에 오신대요.
> 한 번만 더 기회를 주세요.
>
>

 아쉬운 마음에 작은 바람이 담긴 쪽지를 선생님께 전달해 드렸다. 클로버가 요술을 부렸을까. 선생님은 기회를 한 번 더 주셨고 다행히 합격할 수 있었다.

 학예회 동요는 부분 2부 합창인 <송소리>로 정해졌고 나는 소프라노를 맡게 됐다. '조수미처럼 멋진 목소리를 가져서 소프라노를 하게 해주신 걸까?'

 멋대로 했던 상상은 콧노래를 부르게 했고 선생님의 꾸준한 칭찬은 '노래 부르는 사람'이라는 꿈을 가지고 오게 했다.

학예회 당일 모두가 학교로 와서 무대를 감상했다. 역시 도시 향기 물씬 풍기는 엄마가 제일 예뻤다. 나는 한 곳에 시선을 고정한 채 누구보다 열심히 불렀다. 모두가 우리 엄마를 보고 있는 것처럼 느껴졌다. 엄마는 누구보다 예쁘고 멋지니까.

'니네 엄마 예쁘다.', '같이 놀자.', '너도 엄마 있네!'

무대를 마치고 내려와 친구들이 나를 둘러싸는 상상. 아쉽게도 그런 반응은 없었다. 이제는 왕따의 이유가 부모님의 여부가 아니었기 때문이다. 원래, 그냥이 이유였다.

엄마와 함께있으니 누가 뭐래도 상관없었다. 그저 노래 부르는 게 더욱 좋아졌을 뿐이다.

흥얼거림이 잠시 멈춘 건 12살이 됐을 무렵이었다. 나에게 또 한 번의 이별이 찾아왔기 때문이다. 15살의 오빠는 키가 커서 아빠 집으로 가서 살아야 한다고 얘기했다.

 정전이 무서워 꼼짝 못 하는 나를 업고 이모 집으로 갔던 든든한 9살의 등.
 코피를 흘리며 자신을 때린 친구를 경찰에 신고하는 11살의 용감함.
 친구들의 험담에 울고 있는 내 손을 잡고 학교 빈 운동장으로 가 욕 한 바가지를 해준 12살의 위로.
 작지만 당찼던, 존재만으로도 나를 지켜준 뽀빠이가 사라진다.

* * *

 4학년 학예회를 눈여겨보셨던 5학년 담임선생님께서 이번 학예회 때는 <마법의 성>을 합창하자고 하시며, 하이라이트는 내가 독창하기를 바라셨다. 기쁜 마음으로 하겠다고 했지만 친구들의 웅성거림이 연습 때마다 목을 메이게 했다. 문득 보고 싶은 두 사람이 생각났지만 내 입은 굳게 닫혔다. 선생님의 바람과 달리 난 해내지 못했고 결국 독창 파트 없이 다 같이 부르게 됐다. 조금은 짭조름한 합창이었다.

 마음이 답답할 때면 빈 예배당에 앉아 찬송가를 불렀다. 학교에서 부르지 못한 만큼 더 크게 소리 냈다. 예배당에서 노래를 부를 때 가장 즐거웠기에 사모님께 성가대 시험을 치를 수 있는지 물었다. 비난과 조롱 없는 조용한 예배당을 내 목소리로 채웠고 흡족해하는 미소를 띤 사모님의 얼굴이 꿈을 지키게 했다. 내 꿈은 여전히 '노래 부르는 사람'이었다.

 반 친구들의 장래 희망은 다양했다. 의사, 대통령, 과학자, 경찰. '너네가 꾸는 꿈 내가 먼저 이뤄버릴

테다.' 사실 그들을 이기고 싶은 마음 따위 없었다. 아직도 친해지고 싶었을 뿐.

 어떻게 하면 한 번에 이룰 수 있을까 고민했고 내 결론은 티비 너머에 있었다. 볼 때마다 바뀌는 직업, 동시에 노래까지 부르는 직업. 뮤지컬 배우였다. 내게 명확한 꿈이 생겼다.

 엄마에게 학교와 교회에서 노래로 칭찬을 많이 받는다고 얘기했다. 커서 박해미 같은 뮤지컬 배우가 되는 것이 꿈이라고. "니는 개그우먼 해야 된다. 딱이다." 엄마의 가벼운 농담이었다. 당시 단발머리였던 내가 학교에서 불리던 별명은 만사마, 옥동자, 마빡이로 아름다움과는 거리가 있었다. '혼자 노래 부르는 모습을 못 봐서 그런 걸까, 내가 못생겨서 그런 걸까.' 끝없는 상상으로 생겼던 꿈은 잠깐 반짝했을 뿐 금세 사라졌다.

짠 감, 강박

 집 꽃밭 뒤 담장 너머에는 커다란 감나무가 있었다. 할머니는 가을이면 끝이 갈라진 긴 대나무 작대기를 들고 나무를 찔러댔다. 까치에게 양보란 없다. 양은 찬합엔 우리가 먹을 주홍빛 감이 한가득이었나. 할머니 다리에 누워 아기 새처럼 입을 벌리면, 한 번에 넣기도 힘든 감을 입에 쏙 넣어주셨다.

 할머니 품에서 감을 받아먹던 나는 아무것도 할 줄 모르는 아이로 자랐다. 가끔 이모가 "먹을 줄만 안다."라며 핀잔을 주기도 했다. 가만히 입만 벌릴 줄 알던 나에게 시련이 찾아왔다.

 6학년 담임 선생님의 별명은 '가비'. 계절마다 특

별한 추억을 남겨주고 싶어 하시던 분이었다. 여름방학엔 강당에 모여 팥빙수를 만들어 먹었고, 가정의 달에는 케이크를, 추석쯤엔 송편을 만들었다. 만든 음식들은 집에 가져가 가족들과 나눌 수 있게 했다.

 이번에는 수확의 계절을 맞아 곶감을 만든다고 했다. 칠판에 적힌 내용을 한 글자씩 알림장에 옮겨 적었다. '과도랑 감 챙기기'

 할머니는 케이스 속에 있는 칼이 혹시 가방에서 빠질까 날짜 지난 달력을 찢어 몇 바퀴 둘러 감아 챙겨주셨다. "손 안 비이게 조심해라." 할머니의 응원을 이고 대문을 나섰다.

 감싸진 과도와 단단한 감을 가방에서 꺼내 선생님의 설명을 들었다. 학교에서 가장 과일을 잘 깎는 아이로 칭찬받고 할머니가 딴 감을 내가 깎는. 멋진 어른이 되는 상상을 했다. 둘러 감은 달력만큼 잘 깎고 싶었지만 내 욕심은 감을 이내 물러지게 했다. 곁에 온 선생님이 얼굴을 잔뜩 찡그리며 말했다.

"니 감은 짜겠다."

유난스럽겠지만 그 한마디에 감만큼은 아직 깎지 못한다.

선생님은 친근한 별명과 달리 거침없는 말과 휘두르는 회초리로 모두의 미움을 받았다. 우리의 사진을 학급 카페에 올리면 스토커 같다며 댓글을 달았고, 수업하는 선생님에게 침이 튄다며 말하는 친구도 있었다.

돌이켜보면 선생님의 손에는 회초리보다 카메라가 더 자주 들려 있었다. 예쁘게만 보이고 싶은 나이인 우리와 달리 선생님은 언제나 자연스러움을 추구했다. 모난 소리에 언성을 높였지만 카메라는 놓지 않았다.

  15년이 지난 최근에 그 때 올라왔던 사진들을 다시 확인했다. 나는 벚꽃잎을 잡으려 뛰어다녔고, 공을 온몸으로 막아내기도 했다. 과학의 날엔 전자 키트를 만들어 상을 탔고, 소풍과 야영을 즐기고 있는 모습이 보였다. 사진 속 내 눈은 초승달 같았다. 생각보다 해낼 수 있는 것들이 많았는데 작은 한마디에 무너져서 자신을 볼 줄 몰랐었다.
  아, 나는 그렇게 웃고 있었다.
  그 사실을 알고 중학교에 입학했더라면 더 좋았을 텐데, 아쉬움이 남는다.

  옆 동네 초등학교 친구들이 더해져 학생 수가 늘고, 교복을 입게 된 걸 빼면 크게 바뀐 건 없었다. 뭉

치던 친구들은 더욱 끈끈해졌고, 소외된 친구들은 조금 더 외로워졌을 뿐이다.

사춘기가 되니 수군거림과 무관심에서 티 나는 괴롭힘으로 바뀌었던 것 같다. 칠판에 욕이 적히거나 어쩌다 눈이 마주치면 구역질을 하며 자리를 옮겼다. 혹시 더러움이 괴롭힘의 원인일까 해결을 위해 나만의 노력을 했다.

"머리 감고 학교 가야된다."
"하루 안 감고 간다고 무슨 일 생기나?"
"안 빨면 진짜 안 된다. 냄새난다고!"
"와저라노. 클수록 지랄이네. 문디가씨나."

자주 감지 못했던 머리는 하루에 한 번은 꼭 감아야 했다. 물을 안 데워주면 얼음장 같은 물로라도 감으려 했기에 할머니는 모르는 체할 수 없어 나보다 일찍 눈을 떴다. 조금 더 입고 세탁해도 됐던 교복은 결벽증 걸린 사람처럼 갈아입어서 할머니를 수돗가에 여러 번 쭈그려 앉게 했다.

아쉽게도 청결이 원인은 아니었나 보다. 깔끔한 내가 됐을 뿐 친구들의 반응은 여전했다. 한 날은 친구 생일 파티를 위해 이만 원씩 걷는다고 돈을 달라고 했다.

"엄마 나 용돈 조금만 더 넣어주면 안 돼? 애들 생일 파티 한대."

초대될 줄 알았던 파티 장소에 가보니 이미 끝나 있었다. 내가 할 일은 뒷정리뿐. 정리하는 모습을 발견한 선생님은 학교에서 파티를 했다는 사실을 알게 됐고 촛불을 허락 없이 킨 것을 화재의 원인으로 보고 주의를 주기 위해 모두 불렀다. 청소만 했던 나는 혼도 나지 않았고 돈도 모두 돌려받았다. 알고 보니 다들 오천 원씩 걷었다고 전해 들었다.

※

그럼에도 내가 하루를 견디는 이유가 있었다. 태풍이.

이모 집에서 키우는 하얀색 개다. 태풍이는 내가 눈을 뜨기도 전에 우리 집에 와 있었다. 세수를 하고 양치를 하면 옆에서 가만히 보다가 회관에서 아침마다 틀어주는 트로트에 노래를 부르는 녀석이었다. 학교 갈 준비를 마치고 신발을 신으면 그제야 태풍이의 꼬리가 살랑거렸다. 등교하는 짧은 길은 언제나 태풍이와 함께였다. 스쿨버스 아저씨도 그런 태풍이가 예뻤는지 가끔 족발 뼈를 던져주시기도 했다. 자기 입에 잘 담기지 않는 뼈를 물고 스쿨

버스를 배웅했다.

  내가 어떤 사람이든 태풍이의 까만 눈은 나를 보며 웃고 있었다. 나도 그런 태풍이가 좋았다.
  어떤 이유 없이 순수하게 웃을 수 있는 유일한 시간이었다.

  태풍이를 볼 수 없어 아쉽지만 가족들을 보기 위해 방학이면 부산으로 향하는 버스에 몸을 실었다. 심장의 안녕을 확인하러 매년 가는 곳. 태어났을 때부터 쭉 다녔던 병원에 갔다. 엄마는 병원에 갈 무렵이면 아직도 옛 기억이 생생한 듯 항상 똑같은 말씀을 하신다.

  "니 어렸을 때 별명이 산소였는데 기억나나? 산소호흡기를 못 떼고 살아서 '산소'라 안 했나. 그때 니랑 똑같은 병으로 같이 있던 애기들 있었는데 니 혼자 살았다. 친했던 이모들 다 울면서 나갔다... 니 아나? 니도 큰일 날뻔했다. 수술 전에 검사하는데 피가 안멈춘다이가. 작은 몸에 모래주머니 올리고, 수혈하고 난리도 아니었다. 거기 다 엎을 뻔했다. 지금 생각하면 병원 사람들한테 미안하지."

언제나 '돈으로 키운 복덩이'라는 말을 마지막으로 얘기를 마무리했다. 큰 키에 적당한 몸무게, 달리기만 느린 나는 엄마의 얘기들은 상상하지 못할 정도로 건강한 편이었다. 아홉 살 무렵에는 항상 먹던 심장약을 끊었고, 갈 때마다 괜찮다는 얘기를 들어서 별다른 걱정도 하지 않았다. 그해도 여느 때와 다름없이 진료실에 들어갔지만 의사 선생님은 전과는 다른 이야기를 꺼냈다.

"심장 판막 막는 수술을 이제 하는 게 좋겠어요. 애도 많이 컸으니 버틸 수 있을 겁니다. 수술 안 하면 40~50대에는 합병증으로 사망할 수 있습니다."

 언제나 "괜찮다."는 말만 듣던 내게는 충격적인 진단이었다. 결국 부모님의 판단하에 15살 여름방학에 수술을 하기로 결정됐다. 방학이 끝나고 다시 학교로 돌아왔을 땐 교회와 학교에서 모금을 시작한다고 했다. 부끄럽기도 했지만 고마운 마음이 더 컸다. 어떻게 감사의 마음을 전해야 할지 고민하던 중, 쉬는 시간 반장이 웃으며 하는 말을 듣고 생각을 멈췄다.

 "한 푼만 줍쇼. 불쌍한 거지를 위해 한 푼만 줍쇼."

 아이들은 웃었고 나는 가만히 앉아 있었다.
 그런 돈은 나도 받고 싶지 않았다. 견디기 힘들어 고민 끝에 선생님께 상황을 전달했고 조금은 바뀌지 않을까 하는 실낱같은 희망이 있었다. 그날, 선생님은 수업 전 교탁 앞에서 반 아이들에게 말씀하셨다.

"얘들아. 친구 괴롭히지 마라. 한 번 더 그러면 가만 안 둔다."

가방을 들고 교실 밖으로 뛰쳐나왔다. 뒤쫓아오는 선생님에게 따라오지 말라며 소리 질렀다. 기분과 다르게 날씨가 참 좋았다. 골목길에서 마주진 태풍이를 봐도 기분이 나아지지 않았다. 도착한 집엔 할머니가 없었다. 방문 열쇠는 늘 있던 자리에 없어서 방에 들어갈 수도 없었다. 아무것도 할 수 있는 게 없었다. 마루에 누워 구름 지나가는 것만 쳐다봤다. 구름이 빠르게 지나갔다.

다시 학교에 갔을 때 선생님은 나에게 사과했다.

공개적으로 말하는 게 아니었는데 생각하지 못했다며 기분 풀었으면 좋겠다고 말했다. '사과해야 할 사람은 따로 있잖아요.' 말을 삼켰다.

그 뒤로 태풍이를 봐도, 태풍이의 노래를 들어도 웃음이 나오지 않았다. 놀러 간 할머니는 내가 우는지 모른다. 전화하지 않으면 엄마도 아빠도 모른다. 소리 내어 울면 좀 괜찮아지려나. 집에 혼자 있을 때면 몰래 울었다. TV에선 내가 좋아하는 만화가 나오고 있었다. "오빠야 원피스한다! 빨리 온나!" 몇 년 전엔 그렇게 부르면 뛰어오던 오빠가 있었는데, 이젠 부를 사람도 없었다. 그때 원피스에 나오는 인물이 죽기 전에 외쳤다.

"사람이 언제 죽는다고 생각하나. 사람들에게 잊혀질 때다."

잊혀지고 싶었다. 이렇게 지낼 바에야 누구에게도 기억되고 싶지 않았다.

눈물과 한숨을 토해내고 있을 때쯤 평소보다 일찍 돌아온 할머니에게 우는 모습을 들켰다. 처음 보는 표정으로 집 전화 사용을 꺼려하는 할머니가 당장 엄마에게 전화하라고 했다. 이 소식을 들은 엄마는 잔뜩 화가 났고 조만간 시골에 내려오겠다고 했다. 엄마는 괴롭힘의 주동자였던 친구와 그의 부모님을 찾아갔다. 사과를 받았지만, 나는 여전히 괜찮지 않았다.

열다섯 아기

부산ㄱ의료원.

로비는 언제나 시끌벅적하다. 높은 천장과 넓은 공간이 사람들의 목소리를 더욱 크게 울리는 것 같다. 접수하는 엄마를 두고, 나는 바다가 보이는 통유리창 앞으로 걸어갔다. 바닷속 고래 조형물은 언제나 그 자리에 있다. 갈 때마다 반겨주는 것이 왠지 집에 온 것 같았다. 수평선 근처에 떠다니는 배가 아주 작게 보였다. 어느새 다가온 엄마는 함께 배를 바라보며 옛 생각이 났는지 재미난 얘기들을 들려주셨다.

"니는 어릴 때 장난감 사 달라 안 하고 배나 비행기, 버스 이런 거 사 달라 하대. 스케일이 다르다."

"니가 우동 억수로 좋아했거든. 병원 진료 마치면 고생했다고 이 앞에 김밥집 가서 항상 우동 먹었는데. 그날은 니가 뜨겁다고 안 먹대? 내가 안 뜨겁다고 고마 먹였더만 뜨거워서 입 데이고 울고불고. 그때만 생각하면 미안해 죽겠다."

"여기 있던 풍선 자판기 없어졌네. 병원 오면 풍선 사달라 해서 항상 뽑았는데 그날은 니 혼자 보냈거든. 니 만치 작은 아가 와서 새치기를 해뿌니까 니가 밀면서 화를 내는데 어찌나 웃기던지."

기억도 안 나는 추억들이지만 엄마에겐 선명한 듯 말했다. 우습게도 난 변한 게 없다. 여전히 큰 차와 통통한 우동을 좋아하고 날아다니는 풍선을 보면 즐거워한다.

진료 대기실에 도착하니 간호사 이모가 엄마를 보고 활짝 웃었다.

"이야 오랜만이네. 아 키가 억수로 컸네."

나를 아주 어릴 때부터 봐주셨던 간호사 이모다. 올 때마다 뵙지 못해 오랜만에 인사드렸다. 엄마와 간호사 이모는 짧은 시간 회포를 풀었다. 이야기가 마무리될 즈음, 이모는 진료실에 들어가 보라고 했다. 진료실엔 바뀐 의사 선생님이 앉아 있었다. 태어났을 때부터 봐주셨던 분은 정년퇴직하셨다고 했다. 의사 선생님을 제외하고 모든 것이 그 시설에 머물러 있는 느낌이었다.

수술 관련 상담을 끝내고 입원 절차를 위해 자리를 옮겼다. 당장은 6인실이나 8인실에 자리가 없어 며칠은 2인실에 있어야 한다고 했다. 나 때문에 돈을 쓰게 만든 것 같아 마음이 불편했다. 잠시 굳었던 엄마는 미소를 지었다.

"며칠은 호강하겠다!"

2인실은 혼자 쓰게 되어 1인실이나 다름없었다. 얼른 다인실로 가고 싶었지만 다행인 순간들도 있었다. 입원 후엔 평소에 한 번도 하지 않았던 검사들을 받았다. 운동부하검사, 감각 검사, 내시경, 심도자술 등 다양한 검사들이었고 환자와 보호자 모두 진이 빠질 만큼 쉽지 않았다. 특히 심도자술은 어릴 때도 괴롭히더니 이번 역시 그랬다.

대퇴부 혈관을 통해 카테터를 심장까지 삽입해 심장의 내부 압력과 산소포화도를 측정하고 결손의 위치와 크기 같은 수술 위험도를 평가하기 위해 하는 검사라고 들었다. 쉽게 말해 허벅지와 골반 사이에 있는 두꺼운 혈관에 큰 주삿바늘을 꽂아 관을 넣고 여러 가지 검사하는 것으로 생각하면 된다. 무시무시한 설명과 달리 생각보다 많이 아프지 않았다.

심도자술은 대동맥이나 대정맥을 통해 검사하기 때문에 시술을 마친 후에는 허벅지에 모래주머니를 올려둔 채 꽤 오랜 시간 움직이지 않아야 했다. 나는 하루를 꼬박 침대에 누워있어야 했는데 어릴 땐 이 검사로 피를 많이 흘려 고생을 많이 했다고 한다. 여전히 이 얘기를 하는 엄마와 할머니는 열을 낸 채 그때를 회상하신다.

이번에는 어릴 때 같은 일이 생기지 않도록 잘 누워있었지만 한 가지 참기 힘든 일이 있었다. 화장실이 급했던 것. 소변이 참기 힘들 정도로 마려워 잠시만 다녀오고 싶다고 했지만 의료진과 엄마는 절대 안 된다며 말렸다. 평소에는 아무렇지 않게 했던 배뇨를 할 수 없다는 절망감에 눈물이 났다. 침대에서 해결해도 된다고 했고, 기저귀를 채워준다고도 했지만 어떤 방법을 써도 눈물만 나올 뿐 바라는 것은 나오지 않았다.

너무 힘들어하자 간호사 선생님이 소변줄을 하는 게 좋겠다고 말했다.

'그래, 이렇게 힘든 것보다 그게 더 괜찮겠지.'

준비를 마친 모두가 이 일이 빨리 끝나기를 바랐다. 심도자술 검사할 때와 차원이 다르게 아팠다. 아랫도리를 날카로운 포크로 긁는 느낌이 들었다. 소변을 편히 볼 수 있는 평범한 일상에 감사함을 느끼며, 다시는 이런 경험을 하지 않으리라 다짐했다. 앞으로 아프지 않게 건강관리를 해야겠다고 수없이 생각했다.

※

 나무에 포도들 마냥 걸린 링거들과 함께 수술실로 향했다. 의료진이 끌어주는 침대 위에 편하게 누워있는 나와 다르게 엄마와 오빠는 애매모호한 표정으로 뒤따라왔다. 수술이 무섭다는 감정보다 수술모를 쓴 내 모습이 부끄러웠다. 그런 마음이 티가 났는지 오빠는 피식하고 웃었다.

 "그거 쓰니까 개 몬생깄네."

 '나랑 똑같이 생겨놓곤..' 싶은 마음으로 나도 덩달아 웃었다.

 "잘 다녀온나. 기다리고 있을게."

엄마의 말이 끝나자 침대는 다시 움직였다. 수술실 문이 닫히는 사이로 얼굴을 가린 채 의자에 앉는 엄마의 모습이 보였다.

온통 하얗고 차가웠던 공간, 낯선 사람들, 반복적으로 들리는 기계음, 팔다리를 묶으니 그제야 실감 나기 시작했다.

"자 이제 마취 시작할게요. 편하게 숨 쉬면 돼요."

'전신마취.. 한 김에 쌍수도 하면 좋겠다.' 이 철없는 기억을 마지막으로 시끄러운 비명 소리에 정신이 들었다. 흐릿한 눈알을 이리저리 둘러보니 중환자실인 듯했다. 입은 바짝 말라 건조하고 몸은 굉장히 더웠다. 내 움직임을 알아본 간호사가 상태를 확인하고 의사를 불러 대화했다. 물이 너무 마시고 싶었다. 불편한 기색을 보이니 내게 다가와 무엇이 필요한지 물었다. 말을 할 수 없는 상태라 손바닥에 천천히 적어보라 했다.

"더"
"에어컨 켜드릴게요."
"무"
"수술한 지 얼마 안 돼서 물은 안 돼요."

내가 다 적기도 전에 알아차리는 모습을 보며 감탄했다. 조금만 참으라며 위로해 주시고는 바쁜 업무가 있는 듯 얼른 나갔다. 그렇게 자다 깨다 몇 번을 반복하다 보니 엄마가 들어왔다. 엄마는 떨리는 눈빛과 목소리로 말을 걸었지만 목에 꽂혀있는 호스 때문에 대답해 줄 수 없어 그저 시선을 맞출 뿐이었다.

엄마는 나를 언제나 '아기'라고 불렀다.

첫 교복을 맞추던 날. 엄마에게 결제에 대한 이야기를 사장님과 해야 할 것 같다고 전화를 바꿔드렸다. 수화기 너머로 들리는 목소리는 내 얼굴을 단숨에 붉혔다.

"돈은 입금할게요. 우리 아기 교복 예쁘게 해주세요. 아기 바꿔주세요."
"저래 큰 아기가 어딨노."

뒤에서 옷을 정리하던 직원이 웃으며 혼자 중얼거렸다. 내가 봐도 키 160cm, 몸무게 55kg는 아기 모습과 상당히 거리가 멀긴 했다.

"태어나자마자 그 작은 몸에 기계를 붙이고 있는데, 얼마나 안쓰러운지. 작은 몸에 붙일 곳이 어디 있겠노."

병원에 가면 항상 듣던 말. 엄마에게 나는 아기처럼 보이나 보다. 남들이 볼 땐 수술을 마친 중학생일 뿐인데 엄마가 볼 땐 갓난아기가 많은 기계를 붙이고 있는 것처럼 보이지 않았을까 짐작해 본다.

엄마가 걱정한 만큼 회복이 빨라 얼마 안 가서 일반 병실로 옮겼다. 몸에 있던 것들을 하나씩 떼어내고 일상생활을 할 수 있었다. 지루한 병실 생활은 오빠가 많이 힘이 됐다. 가래가 나오면 뱉어야 했는데 그 방법은 오빠가 알려줬다.

"크윽 퉤. 이래 해야 된다고. 들이마시고 목을 이래."
"안된다고."

오빠는 답답해하며 컴퓨터나 켜놓으라고 했다. 병원 휴게실엔 컴퓨터가 있었다. 사람 없는 시간을 틈타 오빠와 메이플스토리나 크레이지아케이드를 하곤 했다. 매번 사냥 심부름을 하거나 게임에서 지는 게 대다수지만 그 시간이 병원에서 가장 즐거웠던 시간이었다.

퇴원하고 아빠 집에서 머물렀다. 다 함께 있는 시간이 마냥 즐거웠다. 같이 놀면 좋을 텐데 엄마는 주방에서 나올 생각을 안 했다.

"피를 많이 흘렸으니까 인자 채워야지."
내가 먹을 수 있는 것, 먹고 싶은 것, 모든 것을 해줄 작정으로 계속 요리했다. 엄마가 주는 요리를 받아먹다 보니 어느새 20kg이 쪄있었다.

친구

 공주 침대와 넓은 책상, 옷장을 준비했다며 들뜬 엄마 목소리가 들렸다. 할머니와 헤어짐이 슬펐지만 그토록 바라던 엄마와 살 수 있다는 것과 이 동네를 떠날 수 있다는 생각에 미련 없이 집을 나섰다.

 광우병으로 한참 시끄러웠던 시기. 이모부의 트럭을 타고 출발했다. 차에 소독약을 뿌리고서야 안동으로 진입할 수 있었다. 꿈에 그리던 우리의 집. 도착한 곳엔 좁은 원룸으로 엄마가 말했던 물건들이 방을 가득 채우고 있었다. 침대에 올라 살짝 점프하니 천장을 뚫고 날아갈 것만 같았다. 그것도 잠시 엄마가 화장실로 와보라며 손짓했다.

"물도 안 끓여도 뜨거운 물 바로 나온다. 그리고 이제 깨끗하게 일 볼 수 있다. 휴지도 그냥 변기에 넣으면 돼! 봐라."

휴지를 한 뭉치 감더니 변기에 쏙 집어넣었다. 야심 찬 손끝이 레버를 누르자 요상한 소리와 함께 물이 역류했다. 엄마의 반가움이 넘쳐흐르는 것처럼 변기 물이 바닥을 적셨다. 당황스러움을 숨기듯 우리는 크게 웃었다.

전학 갈 학교의 교복을 물려받을 수 있다는 소식에 교무실로 갔다. 내가 다녔던 시골 학교랑 비슷한 크기였다. 너무 큰 학교가 아니라 다행이라고 생각했다. 헌 교복을 기다리며 교무실을 둘러보다 각 학년의 반 키가 달려있는 열쇠걸이를 발견했다.

'왜 3학년 반 키가 8반까지 있지…?'

쭈뼛쭈뼛 물어보자 교복을 건네주던 선생님이 건물이 뒤에 하나 더 있다며 설명해 주셨다. 미처 내가 발견하지 못했던 건물을 보자 열쇠들이 이해가 됐다. 생각해 보니 다녔던 학교보다 훨씬 길고 운동장도 넓었다. 이것이 인터넷 소설에서만 보던 도시 학교구나.

※

아직은 쌀쌀한 바람이 콧속을 찌르는 시간. 담임 선생님을 뵙고 함께 반으로 올라갔다. 엄마도 함께.

선생님이 시키는 대로 반 친구들에게 인사를 건넨다. 창문 너머로 아직도 바라보는 엄마가 부끄러웠다. 얼른 가라고 짜증 냈더니 그제야 뒤돌아 가는 엄마였다. 호기심 어린 눈으로 친구들이 다가왔다. 내게 온 친구들은 모두 친절했다. 같은 경상도지만 서로 다른 사투리를 신기해했다. 소설 속에 나올 것 같은 일진 친구들은 나에게 관심이 없어 편안했다.

하루하루가 색다르고 눈을 뜨는 것이 가벼웠다. 예쁜 교복은 얼른 학교에 가고 싶게끔 만들었다. 그날도 친구들과 뮤직비디오 얘기할 생각에 콧노래를 흥얼거렸다. 시간에 맞춰 준비해 셔츠를 입으려니 축축하게 젖어있었다. 엄마가 밤새 세탁하고 널어둔 것이 덜 말랐던 것이다.

등교 시간이 다가오자 흥얼거림은 멈췄고 불안함에 짜증을 냈다. 엄마는 다리미로 밀면 완전히 마를 거라며 삼 분만 기다리라고 했다. 장판이 타지 않게끔 새빨간 꽃무늬 이불 위에 셔츠를 두고 다리미를 위에 올렸다. 세탁소 마냥 김이 피어올랐고 다행히 교복은 금세 말랐다. 급하게 입고 보니 이불에 그려진 화려한 꽃들이 셔츠 팔뚝에 새겨져 있었다. 질풍

노도의 시기. 조금의 허점은 놀림감이 되고, 외로움으로 변한다. 누구보다 그 과정을 잘 알기에 무서웠다. 최대한 자켓을 벗지 말고 하루를 보내보자고 자신을 위로하며 학교로 향했다.

자켓 사이로 슬며시 나온 빨간 꽃을 친구들에게 들켰다. 손에 땀만큼은 들키지 않으려 손을 허벅지와 의자 사이에 숨기고 애써 아무렇지 않은 척했다. 역시나 친구들은 옷이 깡패 문신 같다며 웃었다. 울렁거림이 오기 직전.

"완전 멋져. 듬직한데? 따따봉."

별거 아닐 수 있었던 그 말이 어떤 희망 같기도 했다.

조금씩 단단해지고 있을 즘. 졸업 시즌이 다가왔다. 다들 성적에 맞는 학교를 고르고 있었고 친구들과는 같은 고등학교를 갈 수 없다는 현실에 두려움과 슬픔이 밀려왔다.

처음부터 다시 시작해야 한다는 생각에 막막했다. 그래도 1년은 잘 해냈으니까 괜찮을 거라고 혼자 위로했다.

고등학교 입학식 날. 오빠와 오빠의 여자 친구가 놀러 왔다. 언니는 앞머리가 생명이라며 고데기를 해줬다. 아직 덜 마른 머리에 뜨거운 판이 꾹 하고 누르니 연기가 났다. 영혼이 잔뜩 들어간 앞머리로 기를 세우고 학교로 향했다.

들어간 반에는 이미 무리 지어 노는 친구들이 많았다. 우연히 듣기로는 같은 중학교에서 온 친구들이라 했다. 소외되기 전에 얼른 친구를 사귀어야겠다고 다짐했다.

오전 내내 눈치만 보느라 친구를 사귀지 못했다. 짝이 된 친구는 빈 허공에 중얼거릴 뿐 말을 걸어도 대답하지 않았다. 배가 고프지 않은 척 점심은 먹지 않았다.

화장실을 다녀오니 눈망울이 초롱초롱한 친구가 자리에 앉아 거울을 보고 있었다. 용기 내 먼저 인사를 건넸다.

"안녕?"
"뭐라노 18(욕)"

처음 인사 건네본게 일진이라니. 당황스러움에 자리로 돌아가 수업이 시작하기 전까지 엎드려있었다. 앞머리 하나만으로는 역부족이었을까. 수업 시간이 이렇게 즐거울 줄이야! 무슨 말인지 이해는 안 되지만 선생님 말씀이 제일 재밌었다. 쉬는 시간 없이 수업만 쭉 하다가 집에 얼른 가고 싶었다. 하지만 매번 오는 쉬는 시간은 막지 못했다. 앞자리 친구들과 친해지고 싶다고 생각했지만 돌아오는 답은 단답이어서 거절당했다고 느꼈다. 가끔 시간표를 물어볼 때와 펜을 빌려달라고 할 때면 사막에서 오아시스를 찾은 사람처럼 즐거워했다. 더 대화를 이어가지는 못해서 거기서 멈추고 말았지만.

왼쪽 건너편엔 이름이 독특한 친구가 있었다. 막연히 그 아이와도 친해지고 싶었다. 다른 분단이었고 말을 걸 용건이 없어 친구가 될 리 없었지만 말이다.

점심을 며칠 정도 굶었을 즘. 여전히 엎드려 있던 내게 들려오지 않을 소리가 들려왔다.

"혼자 왔어요?"

말을 걸어준 친구는 친해지고 싶었던 청아였다. 이름처럼 독특하게 나에게 다가왔다. 그 말을 시작으로 쉬는 시간만 기다리게 됐다.

 청아의 다정함은 다른 친구들도 부르게 했다. 내 앞자리에서 가끔 펜을 빌리던 지아와 서빈이. 청아와 중학교 동창이라 금방 친해졌다. 함께 점심을 먹고 산책도 하고, 실없는 소리에도 배를 잡고 웃었다. 그들과 함께라면 무서울 게 없었지만 혼자 내내 고민하는 것이 있었다.

 내가 왜 이렇게 소심하고 조금만 실수해도 소스라치게 놀라면서 사과를 하는지 말해주지 않으면 떠날까 봐 무서웠다. 떠날 거면 더 친해지기 전에 떠나버렸으면 좋겠다 싶었다. 할 말이 있다며 교회 앞으로 불러냈고 그들에게 어렸을 때 얘기를 해줬다. 듣는 내내 아무 말 없이 듣던 친구들은 괜찮다는 말 몇 마디와 욕을 쏟아내고는 동전 노래방에 가서 스트레스를 풀자며 분위기를 환기시켰다. 친구들은 내가 고민했던 것들에 대해 생각하지 않았다고 했다. 내가 더 잘하고 싶었고 자랑스러운 친구가 되고 싶었다.

※

 친구들의 공통 관심사. 다이어트. 지아와 나는 복싱을 다니기로 했다. 서로의 집 가운데에 있는 곳으로 정했다. 상담하러 들어간 복싱장엔 퀴퀴한 땀 냄새가 가득했다. 이가 잘 맞지 않는 문을 연신 열며 코치님이 사무실로 들어오라고 자리를 내주셨다. 간단한 상담 후 집으로 가던 길 지아와 눈이 마주쳤다.

"야 코치님 잘생겼지?"
"어. 아까 모자 쓴 오빠도 잘생긴 듯. 2단 뛰기 실화?"

 훈훈한 첫인상과 달리 코치님은 운동을 시작하면 악마나 다름없었다. 토할 때까지 운동을 시키는 사람이라니. 후들거리는 다리로 벽을 짚으며 계단을 겨우 내려가는 날이 쌓일수록 살은 빠졌고 살이 빠질수록 자신감이 생기기 시작했다.

 복싱장의 한 오빠에겐 호감인지 동경인지 모를 감정이 싹텄다. 쉬는 시간이면 지아와 그 오빠 얘기를 하곤 했다. 복싱도 잘하는데 기타까지 칠 줄 알다니! 주말엔 마주치고 싶은 마음에 지아와 함께 오빠의 단골 카페에 가서 시간을 때우기도 했다. 딱 한 번 마주쳤을 때 기타를 엉성하게 치는 모습을 보고 환상이 깨졌지만 말이다. 얼마 안 가 그 카페는 우리가 점령했다.

그렇게 지아와 얘기를 하다 보니 청아는 맨날 자기들만 아는 얘기만 한다며 섭섭하다고 했다. 내가 이런 질투와 섭섭함을 받다니. 미안한 마음과 함께 안도감이 들었다. 그 이후로 복싱 얘기는 둘만 있을 때 하기로 했다.

※

"오늘도 니 집에서 자도 돼?"

내가 생각했던 것과 달리 많은 날을 불 꺼진 집에 혼자 들어가야 했다. 엄마는 낮에 반찬이나 청소를 해두고 일터로 가셨고, 나는 엄마가 왔다가 간 흔적과 함께 혼자 잠들어야 하는 밤이 많았다. 돈이 어디서 뿅하고 생기는 것도 아니고 아빠의 병원비를 내야 하는 걸 알고 있으면서도 엄마와 함께 있는 시간을 기대했고 실망했다. 내가 혼자 자는 것보다 친구들 집에 자는 게 더 낫다고 생각했는지 언제나 외박을 허락해 주셨다.

　친구들의 부모님도 마다하지 않고 언제나 밝은 얼굴로 맞이해주셨다. 빈손으로 가는 내게 항상 맛있는 음식을 내어주신 그들에게 예쁨 받고 싶었다.

　초등학생 때 방학 동안 아빠의 여자 친구 집에서 지냈던 적이 있다. 나를 유독 미워했고 사랑 받는 방법을 모색했지만 번번히 실패했다. 식사 중에 물을 마시고 싶어 하던 내게 설거짓거리를 줄여야 하니 식사를 끝내고 밥그릇에 따라 마시라고 했나. 그렇게 하면 싸늘한 시선이 줄었기에 그게 어른에게 사랑받는 법이라 생각했다.

　친구 집에서도 그렇게 하면 바른 아이라고 해주실 줄 알았다. 어머니는 황급하게 컵을 가져다

주시며 "물은 컵에 마셔야지. 안 그래도 돼." 말을 이었다. 그때 사랑받는다고 느꼈다.

밥을 먹지 않는 날엔 치킨을 시켜 먹었다. 부어치킨의 크리스피 치킨, 네네치킨의 스노윙, 파닭, 지코바 양념구이에 우동사리 추가. 치킨의 종류가 이렇게나 다양하다니 놀라웠다. 선택권이 생겨서 난감할 날이 오다니.

야식을 먹고 모두가 잠든 야심한 밤. 우린 새벽 탈출을 위해 다시 움직였다. 도어락 소리가 부모님 방까지 들리지 않길 기도하면서 열거나, 건전지를 빼보거나 둘 다 실패했을 땐 창문으로 나가기도 했다. 조용한 골목길을 누비고 빈 도로의 한적함에 자유를 느꼈다. 깜빡이는 적색 신호등. 그네와 시소를 탈 때의 쇳소리는 증폭되어 귓속을 간지럽혔다. 우리의 우애는 그렇게 다졌다.

꿈

 꿈이 생겼다. 어린아이들이 좋아 유치원 선생님이 되어야겠다고 생각한 것도 잠시, 운동을 다니면서 복싱 코치가 되어야겠다고 마음을 먹었다. 자세히 말하자면 코치님 같은 사람이 되고 싶었다.

 운동을 다니면서 하루가 다르게 건강해졌다. 살이 빠지니 자신감도 생겼다. 여자 복서는 많이 없기에 관장님은 내게 대회에 나가보지 않겠냐며 권유했다. '너는 이걸 참 잘해.' 전문인의 칭찬 섞인 얘기를 들으니 둥실둥실 떠오르는 것 같았다.

 체력이 많이 늘어도 선수가 될 정도가 아닌 점, 몸이 약한 점, 마음이 여린 걸 잘 알던 코치님은 하지 말라며 설득했다. 칭찬에 목마른 사람은 꿀 발린 말에 넘어가기 마련. 기회를 놓치기 싫었다.

전문적인 선수 생활은 아니었지만 학교를 마치면 항상 체육관으로 향했다. 느리지만 열심히 뛰었고 주어진 개수만큼 빼먹지 않고 운동했다. 시큼한 땀 냄새가 어느 정도 적응이 될 즘 구멍 난 운동화에서 엄지가 빼꼼 보였다.

엄마에게 복싱비와 운동화를 사달라고 말해야겠다고 생각하며 집으로 갔다. 그날은 엄마가 먼저 집에 도착해있었다. 피곤했는지 거실에서 등을 돌린 채 주무시고 계셨다. 뒷모습을 바라보다 문득 복싱을 관둬야겠다고 생각했다.

"1층으로 내려와 봐. 얘기 좀 하자."
학원 등록 마지막 날. 심란한 얼굴의 여고생을 본

코치님은 그냥 지나치지 않았다. 턱에 호두를 만든 채 따라갔다. 무슨 일이 있냐는 물음에 고민하다 내 생각을 솔직하게 말씀드렸다. 얘기를 듣고 생각을 마친 코치님은 코웃음을 치며 "그냥 다녀. 내가 그 정도는 한다."

꾸준히 운동해서 상도 타고 체육학과를 졸업해 내가 다니던 체육관에 코치가 되는 것, 나 같은 상황인 학생을 보고 그냥 지나치지 않는 사람이 되는 것. 코치님의 길을 그대로 걷고 싶었다. 꿈이 생겼다.

※

도민 체육대회를 위해 준비했다. 계체를 위해 살을 뺐고, 이기기 위해 무수히 주먹을 내질렀다. 겁 많은 내가 이길 수 있다는 확신은 들지 않았다. 똑같이 노력해도 부족한 걸 알고 있었다. 그래도 내 꿈을 위한 첫 발걸음이니 최선을 다하고 싶었다.

 시합에 오르기 몇 분 전 나에게 맞는 장비가 없다는 소식을 들었다. 급히 다른 지역 선수의 가슴 보호대와 머리망, 신발을 빌렸다. 조금 큰 복싱화가 내 발에 맞을 수 있도록 끈을 꽉 조여 맸다. 빨간 경기복을 입고 대기 좌석에 앉아 순서를 기다렸다. 평소보다 큰 링, 지켜보는 많은 사람들, 처음 써보는 마우스피스와 몰랐던 규칙들이 머리를 새하얗게 만들었다.

 링에 오르고 2라운드가 시작된 지 얼마 지나지 않았을 때 상대 선수에게 정통으로 맞아 코피가 났다. 어렸을 때부터 코피가 잘 나던 체질인 내겐 아무것도 아니었지만 코치님은 하얀 수건을 들었다.

이후에도 운동은 꾸준히 했다. 경사진 오르막길을 뛰어오르고 시내 한 바퀴를 돌았다. 체육관에 도착하면 거울을 보며 주먹을 뻗었다. 새로 산 운동화 바닥에 구멍이 나고 발톱이 빠지고 발바닥에 물집이 여러 번 잡혔다. 초등학교 2학년 때 줄넘기 하나를 넘지 못해 마지막에 밥을 먹었던 내가 2단 뛰기도 쉽게 하게 됐을 무렵 다시 기회가 찾아왔다.

 두 번째 도체. 이번엔 미리 다른 선수의 장비들을 빌렸다. 다시 경기복을 입고 대기 의자에 앉았다. 코치님은 차가운 수건으로 내 팔을 감싸며 응원 몇 마디 하고선 나를 링 위로 올려보냈다. 2층에서 구경하던 어른들이 빨강이 이길지 파랑이 이길지 예측하는 소리가 들렸다.

 코끝이 뜨겁고 온몸이 피로했다. 더 이상 팔이 올라가지 않아 '또 졌다.' 생각이 들었을 즘 내 팔이 천장 위로 번쩍 들어 올려졌다. 19살의 첫 승리였다. 다음 대전 상대가 전국체전에 나가는 선수여서 기권으로 3위에 머물렀지만 해냈다는 마음에 무척 기뻤다. 내 꿈이 조금씩 다가오고 있다.

  최 코치님이 새로 들어오신 이후부터는 새벽 운동을 시작하게 됐다. 엄마는 "네가 미친 줄 알았다."라며 그때를 회고한다. 새벽 4시 50분에 눈을 떠 근처 남자 숙소 앞으로 뛰어가 최 코치님을 불렀다. 머리에 까치집 진 선수들이 내려오면 함께 봉고차를 타고 운동장으로 가서 트랙을 뛰었다. 폐에 차가운 공기가 들어와 시큰거리며 아팠다. 앞질러 가는 선수들을 뒷모습을 보며 부럽다는 생각이 가득 찰 때쯤 운동을 마쳤다.

  "이거 가져가!" 집으로 돌아가는 길, 일주일에 몇 번. 누군가 멀리서 나를 불러 세웠다.

운동을 쉬는 주말이면 편의점 알바를 했는데 점장님은 불안해하면서도 믿고 맡겨주셨다. 편의점 음식을 좋아했던 내게 유통기한이 아슬아슬한 삼각김밥과 음료, 도시락 같은 내 돈으로 사 먹기엔 비싼 것들을 한곳에 미리 빼두셨다. 새벽 운동이 끝날 시간에 맞춰 편의점 문 앞에 서 계시다 아침 먹고 학교 가라며 한 상자씩 건네주셨다. 내 발걸음을 멈추게 했던 점장님의 응원은 운동을 그만둘 때 까지 계속됐다.

다양한 사람들의 응원과 지지를 받으며 운동의 세계로 발을 들였다. 어렸을 때부터 운농한 친구들은 대입을 위해 실기를 꾸준히 준비했지만 운동신경도 없는 내가 늦기까지 했으니 따라잡기엔 터무니없었다. 코치님은 끝까지 훈련을 시켜주면서도 재수하기엔 시간이 아깝고 전문대에 가기엔 미래가 걱정된다며 취미로 하게끔 설득하셨다. 하루는 모든 게 내 뜻대로 되는 게 없자 코치님께 서러움을 가득 담은 말을 하기도 했다. 여태 도와준 사람에게 그런 실례를 저질렀음에도 코치님은 되레 미안하다고 했다. 긴 대화 끝에 나는 유아교육학과로 지원해 대학 생활을 시작하게 된다.

후회

 시간이 흐르고 아빠의 당뇨는 합병증을 불러왔다. 살이 빠지기 시작했고 언제도록 건장할 줄 알았던 다리는 하루가 멀다하고 앙상해졌다. 악화된 건강은 나아질 기미가 보이지 않았다.

 복싱으로 상을 탔을 때, 아빠 병간호를 위해 부산으로 가는 날, 상장을 챙겨 집을 나섰다. 무슨 여자가 쌈박질이냐는 엄마의 반응과 다르게 아빠는 우리가 매번 지었던 싱하형 얼굴을 하며 웃었고, 병실 사람들에게 자랑했다.

 "이것 좀 보소. 딸래미가 복싱 해서 상을 타뿟네. 슈슉."

머쓱해진 나는 발 끝만 바라봤다.

※

 아빠가 처음으로 안동집에 놀러 왔다. 반갑지 않을거라 생각했는데 기쁨을 숨길 수 없었다.

 빙수집 알바 출근 전 엄마와 셋이 점심을 먹기로 했다. 식사 후 바로 일하러 가야 했기에 화장을 하기 전 아빠에게 물었다.

"옷 입는 거 도와줄까?"
"혼자 한다."

 거울을 보고 입을 벌린 채 마스카라를 바르던 중 거실에서 큰 소리가 났다. 미닫이문에 기대어 바지를 입던 아빠가 문이 열리면서 넘어졌다. 커다란 아빠가 베란다와 거실 사이에 쓰러져있었다.

 새끼손가락이 살짝 휜 아빠는 괜찮다고만 했다. 언제나 강한 모습을 보이고 싶어 했기에, 다시 방으로 들어가는 게 아빠를 위한 것으로 생각했다. 엄마에게는 문자로 상황을 알리는 게 내 최선이었다.

 엄마가 도착했다며 아빠를 모시고 내려오라고 했다. 밥을 먹으러 가는 길, '마침'있는 병원에 들렀다 가자고 아빠 마음이 상하지 않도록 조심스레 밀을 덧붙였다. 우리의 바람대로 진찰을 봤지만 원장님은 당뇨 환자에게 당장 해줄 수 있는 건 없다는 말과 함께 반깁스를 해주시고는 가던 병원에 들를 것을 권유했다.

 식당에서 시킨 음식은 아주 먹음직스러워 보였다. 아빠는 친구들에게 보내기 위해 동영상을 찍어

달라고 휴대폰을 내밀었고 화면 너머로 환한 미소를 지었다.

 알바가 끝날 무렵, 내가 일하는 곳의 음식도 아빠가 먹으면 좋겠다고 생각해서 퇴근 전에 인절미 빙수를 포장했다. 집에 도착해서는 씻지도 않고 포장된 빙수를 뜯으며 요즘 유행이라는 말과 함께 연유를 둘렀다. 아빠 한입, 나 한입, 엄마 한입 먹으며 맛있는 하루를 마무리했다.

✽

 거실에서 시끄러운 소리가 들렸다. 가래 뱉는 소리와 변기 물 내리는 소리에 잠에서 깼다. 내가 사 온 빙수를 먹고 아빠가 배탈이 났나 싶어 거실로 나갔다. 엄마의 부축을 받으며 거실과 화장실을 여러 번 오가고 있는 아빠의 모습이 보였다.

"아빠 왜 그러는데?"

"내야 모르지. 구급차 부를까?"

 괜찮다며 말린 아빠는 시간이 지날수록 힘이 빠졌다. 의식을 잃으면 안 될 것 같다는 생각에 난 아빠를 크게 불렀다.

"아빠! 이쪽은 내가 신길테니까 다른 쪽은 아빠 혼자 양말 신어 봐. 내 목소리 들리지? 정신 차려야 된다."

 심각함을 느낀 엄마는 구급차를 부르고선 니가 하라며 소리쳤다. 얼마 지나지 않아 구급대원들이 도착했고 끝내 의식을 잃은 아빠를 태우고 안동병원으로 이동했지만 당뇨가 심하고 기록이 없는 환자라 가던 병원에 가야 한다고 했다. 안동에서 부산까지 2시간. 아빠가 버틸 수 있을까 걱정됐다. 구급대원은 보호자 한 명이 구급차에 타야 한다고 했지만 엄마는 내 손을 잡고 놓지 않았다. 엄마도 나처럼 무서웠던 걸까.

비상깜빡이를 켜고 구급차 뒤에 바짝 붙으려 했지만, 속도를 따라가지 못해 아빠는 시야에서 멀어졌다. 도착한 병원에는 의식 잃은 아빠가 복도에 덩그러니 있었다. 왜 치료 안 하고 여기 있냐는 질문에 보호자 서명 없이는 안 된다고 했다. 화가 났지만 할 수 있는 건 동의서 종이에 글을 적는 것뿐이었다.

나는 초면이지만 아빠를 자주 봤던 간호사는 발작하는 팔다리를 묶으며 말했다.

"아이고 또 오셨네. 뭐땜에 이래요?"

나와 함께 있었던 순간 전부 말씀드렸다.

'부축을 해드렸다면, 너무 단 빙수를 사 오지만 않았다면.'

매번 왔던 병원이라 그런지 빠른 조치에 아빠의 정신이 돌아왔다. 그제야 한숨 돌렸다.

나머지 진료를 받아야 했지만 희미한 정신 속에서도 내 도움은 받으려 하지 않았다.

향수

고등학교 친구 지아, 청아, 서빈이에게 배운 사교성으로 숨겨왔던 본성을 방출해 대학교 친구들과 쉽게 친해졌고 자진해서 과대까지 할 정도로 대담해지기도 했다. 다양한 손유희와 동요를 외웠고 무대 위에서 반 친구들에게 알려줬다. 얼굴이 예쁘지 않다는 이유로 선배들에게 환대받지 못했지만 그러려니 넘기는 스킬도 배웠기에 괜찮았다.

암기과목은 부족해도 예체능 수업 시간엔 칭찬받기 일쑤였다. 숙취로 겨우 학교에 가서 만들기 수업을 듣다 얼기설기 만들어 제출하면 교수님이 웃으며 좋은 성적을 주셨고 친구들은 그 모습을 보며 창의력 대장이라며 치켜세워줬다. 피아노 전공 교수님은 내가 연주하는 개똥벌레에서 소울이 느껴진다며 좋아하셨고 또 그 모습을 본 친구들은 박수를 쳐 줬다.

  과 생활이 이렇게 즐겁기만 해도 되는 걸까 생각이 들쯤 문제가 생겼다. "아기들 똥오줌이나 치울거가? 내가 부탁해 둔 곳 있다. 거기 갈 수 있게 세무과로 전과해 봐라." 싫다는 의견과 옮기라는 의견이 충돌한 지 몇 개월. 엄마와 나는 대화를 잃었다.

  친구들과 시간을 보내며 엄마와 마주치지 않으려 늦게 들어갔다. 아무 소리도 들리지 않아야 할 밤, 빌라 복도에 울음소리가 울려 퍼지고 있었다. 방음이 되지 않는 탓에 통곡에 가까운 소리는 그 층을 가득 메웠고, 현관문에 다다르자 엄마 목소리라는 걸 그제야 눈치챌 수 있었다. 들어가자마자 잘되라고 전과하라는 거 가지고 삐져서는 할머니랑만 얘기한다고 서러움을 토하며 쏘아붙이듯 얘기했다. 바라는 것을 얻지 못한 어린아이처럼 엉엉 울고 있었다. 그 모습에 나는 전과를 하지 않을 수 없었다.

※

 친구들의 아쉬움을 뒤로하고 바로 옆 건물 과로 옮겼다. 교수님들은 '잘 말해둘게.'라며 유감 섞인 인사를 건네셨다. 세무과에 들어가 바로 2학년 수업을 들으려고 하니 내 머리가 잘 따라주지 않았다. 친구들이 도와줘도, 교수님들이 편의를 봐줘도 진도를 따라가기엔 역부족이었다. 강의실에 앉아 끝내고 오지 못한 것들을 떠올리며 시간을 허비하다 1학기를 마쳤다.

 여름방학이 되고 엄마가 말씀하던 회사에 갑자기 입사하게 되어 알바는 그만두고 학교는 휴학했다.

수도권의 월세는 엄마와 살던 집의 두 배였지만 공간은 1/4도 되지 않았다. 햇빛도 들어오지 않던 고시텔. 그곳에서 새로운 시작을 하게됐다.

엄마와 오빠는 첫 월급도 받지 않은 나에게 급히 돈이 필요하다고 말했다. 나도 가족에게 도움이 될 수 있다는 마음에 흔쾌히 은행으로 발걸음을 옮겼지만 내가 받을 수 있는 대출은 회사원이나 학생, 둘 중 하나의 신분만 있어야 한다는 이유로 '대출 불가'라는 대답이 돌아왔다. 1년 계약직인 회사였기에 다시 고향으로 돌아가 복학을 생각하고 있었지만 엄마는 자퇴를 선택하도록 했고 난 회사원의 신분으로 대출을 받아 가족들에게 돈을 보낼 수 있었다. 훗날 다시 학생의 신분으로 가야 했을 때 왜 자퇴했었냐며 다그치는 황당한 일이 벌어지기도 했다.

첫 월급. 한 일도 없는 것 같은데 받아도 되나 싶었다. 그래도 먹고 싶은 것을 먹고 평소 고마웠던 친구들에게 밥 한 끼 살 수 있음에 기뻤다. 언제나 배려받았기에 나도 그러고 싶었다. 감사함을 전할 수 있다는 기쁨도 잠시 월세, 교통비, 관리비 등 나갈 것들이 왜 이렇게 많은지 저축을 할 수 없다는 사실을 깨달았다.

대출금은 가족들이 꼬박꼬박 입금해 줬기 때문에 신경 쓰지 않아도 됐지만 저축을 위해 퇴근하고 할 수 있는 알바를 알아봤다. 마침 바로 집 앞 아이스크림 가게에서 마감 알바를 구한다기에 지원했다. 며칠 안 돼 합격 문자가 왔고 매니저님은 알바생이라면 아이스크림 맛 정도는 다 봐야지 않겠냐며 31가지 아이스크림 맛을 수일에 나눠 먹을 수 있게 해줬다. 피로함 속에 스미는 달콤함이었다.

31가지 맛만큼 달콤함이 오래갔다면 얼마나 좋았을까. 부지런히 일한 만큼 몸이 지쳤던 것 같다. 그때쯤부터 허무함을 느끼기도 했다. 왜 내가 이곳에 있어야 하는지 자신에게 물었다. 이 정도 월급이면 내 능력으로 고향에서도 충분히 벌 수 있을 것 같았고 게다가 엄마와 친구들과 함께일 수 있는데 왜 굳이 여기에 있어야 하는지 이해되지 않았다. 그 생각들이 나를 더 빨리 지치게 했다.

생리가 끝나고도 아랫배의 통증은 날이 갈수록 심해졌다. 선임들은 내 얼굴을 보더니 집에 가라며 가방을 챙겨 내보냈다. 지하철 사람들은 자리를 양보해 줬고, 길에서 마주친 사람들은 도움이 필요한지 물었다. 그 상태로 병원에 가니 대기할 동안 누워있으라며 침대로 안내해 주셨다. 분명 몸이 아팠음에도 진료 결과는 아무 이상이 없다고 했다. 할 수 있는 건 진통제로 버티는 수밖에 없다고.

약국에서 처방받은 약을 받아 집으로 갔다. 빛없는 내 방. 어두컴컴한 공간 한편에 있는 침대에 풀썩 누우니 이대로 죽으면 아무도 모르겠다 싶었다. 집에 가고 싶었다.

무쓸모

아빠와의 관계는 여전히 소원했다. 회사 홈페이지에 뜨는 경조사들을 보고 있으면 나중에 결혼할 땐 아빠와 함께 입장하고 싶다는 생각을 문득 할 때쯤 내가 실수했던 것들을 다시 제자리로 돌려놓자고 다짐했다. 6월 말 다 같이 식사를 제안했고 내 바람은 이룰 수 없었다.

6월 5일. 어김없이 찾아오는 통증에 죽을 데워놓고 잠들었다. 뒤척이다 겨우 눈을 붙였지만 엄마의 전화가 잠을 깨웠다. "아빠 돌아가셨다. 지금 부산 온나." 조금 더 일찍 밥 먹자고 할걸. 그때 손 뿌리치지 말걸. 그런 얼굴로 보지 말걸. 후회가 거대하고, 무겁게 밀려왔다.

향이 꺼지지 않게 자리를 지켰다. 피어오르는 연기는 아빠가 내뿜던 담배 연기를 떠올리게 했다. 오빠의 첫 파마에 폭소하던 웃음소리, 퇴근 시간만 기다리던 딸을 바라보는 환한 표정, 아빠 품속에서 듣던 심장 소리.

"니 아빠 빨리 가뿌니까 속이 시원타. 엄마랑 오빠야 고생만 시키고. 안맞나? 그래도 아빠가 니 억수로 좋아했디, 딸이라고 얼마나 좋아했노."

"어릴 때 아빠가 신발 사온거. 메이커도 없이 리어카에서 사 와서 보도 못하겠드만. 니 억수로 예뻐했다. 아빠가."

다른 사람들의 기억 속에서도 종종 우리의 이야기를 들을 수 있었고 알면서도 모른 척했던 스스로가 부끄러웠다.

가족들은 아빠의 모습이 좋지 않다며 염하는 모습을 보지 못하게 했다. 다 가려져 있었지만 그때가 진짜 마지막이었는데 '낯섦' 그 감정 하나에 미안하다는 말도, 고맙다는 말도 하지 못한 채 아빠와 이별을 끝냈다.

※

 슬픔을 받아들이는 방법을 배운 적 없었다. 알바를 그만두고 남은 시간엔 혼자가 싫어 친구들을 만나러 다녔고 언제나 술로 감정을 덮었다. 아빠와의 이별을 내가 앞당겼다는 생각에 맨정신으로 있기 힘들어, 하늘이 어두워지면 세상에 없는 사람에게 미안하다며 자책했다.

 술로 하루를 채우던 나에게 슬퍼할 겨를도 없다는 듯 엄마는 새로운 일자리를 알아와 또다시 타지에 있는 직장으로 보냈다. 아빠의 원인으로 이혼했다는 얘기를 듣고 항상 미워했다. 아빠의 병이 가족을 힘들게 한다는 말에 그 미움은 더욱 깊어졌다.

내 꿈을 접게 하고 외로운 타지로 보내는 엄마마저 미워하면 또 같은 일이 일어날까 무서웠다. 미움을 등진 채 엄마가 하라는 대로 이력서를 적고, 지원하고, 면접을 봤다.

서울도 멀고 안동도 먼 곳에서 완전한 고립을 맛보았다. 퇴근하고 돌아오면 신발도 벗지 않고 그대로 누워 있었다. 그렇게 두어 시간쯤 지나 조금의 기운을 찾아 씻으러 들어갔다. 운동을 배우면 나아질까 했지만 돈만 날리는 꼴이었다.

미움받기 싫어서 여기까지 왔는데 이젠 내가 싫어졌다. 꿈을 접게 했다고 생각했지만 내 능력이 모자랐던 것이고, 엄마를 설득하지 못한 내 잘못이었다. 자책은 눈덩이처럼 커졌고, 보고 싶던 사람 목소리를 들으면 눈물이 나왔다. 그즈음부터 모든 전화를 거절하기 시작했다.

✱

응급실에 실려 갔다. 정신과 상담을 받아보는 게 좋겠다는 소견을 들은 엄마는 기록이 남는다며 반대했다. 내 눈에 엄마는 대출받지 못하게 될까 두려워하는 사람처럼만 보였다. 엄마의 우선순위에 나는 있지 않구나 싶었다.

계약을 연장해 준다는 회사의 제안을 거절해 엄마에게 혼났다. 이번이 진짜 마지막 대출이라던, 안 빌려주면 진짜 끝이라던 말보다 내가 살아야 했다. 다시 내 고향으로 돌아왔다.

오랜만에 간 우리의 집은 어느새 이사해 있었다. 모텔 건물에 있는 방으로 한 층을 원룸처럼 개조해 둔 곳이었다. 넓고, 엘리베이터가 있었고, 시내와 가까워 오히려 좋았다.

그날 밤은 눈물이 아닌 웃음소리로 거리가 물들었다. 얼마 만에 맛보는 행복이던가, 이 밤이 끝나지 않길 바랐다.

늦은 시간, 친구는 부모님이 데리러 온다는 전화를 받자 거리낌 없이 모텔 건물 앞으로 오라고 했다. 우리 가족은 지나다니는 사람들의 겉모습을 보고 아무렇게나 판단했기에 모든 사람이 그럴 것으로 생각했다. 그래서 친구에게 왜 그렇게 말했냐고, 이제 더 이상 만나지 못할지도 모른다며 나무랐다.

언제나 밝은 모습만 보였던 내가 모텔에 산다는 이유로 좋지 않은 생각을 하실까 봐 무서웠다. 친한 친구와 더 이상 놀지 못하게 될까 봐, 겉모습으로 나를 오해할까 봐 같은 생각들이 나를 덮쳤다. 다음 날 친구에게 미안하다는 말과 함께 부모님께서 이상하게 생각하실까 봐 무서웠다고 사과했다.

"엥, 아무도 그렇게 생각 안 해. 근데 어제 짜증 나긴 했어. 그래도 괜찮아."

친구는 별거 아니라며 금방 끊었다. 친구의 말을 믿지 못했고 빨리 끊긴 전화처럼 우리의 관계도 끝일 거라 단언했다.

그 친구는 여전히 내 곁에서 그때 짜증 났다며 째려보다 웃는다.

✽

 카페 알바와 자격증을 따고 친구들과 즐거운 시간만 보내다 보니 어느새 1년이 흘렀다. 엄마는 평생교육원에 다니다가 또다시 새로운 회사로 가길 원했다. 가고 싶지 않다는 말에 그럼 니가 뭘 할 수 있냐는 답이 돌아왔다.

 엄마는 오빠의 말은 믿어주기에 오빠에게 고민을 털어놓고 엄마를 설득해달라고 부탁했지만 1년 동안 이룬 것이 없으니 엄마 말을 듣는 게 좋겠다고 되려 나를 회유했다. 다시 누군가와 허무하게 헤어지게 될까 봐 그들의 선택을 따랐다.

 평생교육원에서 다시 학교생활을 시작했다. 공부가 어려울 뿐 이젠 옛날처럼 사람 사귀는 게 어렵지 않았다. 엄마가 원하는 경영학과엔 좋으신 교수님들이 모여있었고 덕분에 내가 알지 못했던 것들을 배울 수 있었다. 그중 가장에 기억에 남는 건 '가족에게도 돈과 명의를 빌려줘선 안된다.'것이었다. 그 가르침으로 나중에 회사에 다시 입사했을 때 또 대출 요구가 있었지만 단호하게 거절했다.

아이러니한 일이 일어났다. 엄마는 나에게 대출 요구를 더 이상 하지않았다. 행복해야 하는데 심경이 복잡했다. 가족들이 나에게 다시 매달렸으면 좋겠고, 필요하다고 말해주길 바랐다. 그 생각들이 길게 늘자 '난 더는 쓸모 없어졌다.'는 찌질한 생각으로 마무리됐다.

불안

혼자 하는 생각들은 부정적인 결론을 가져왔다. 잡생각들을 쫓기 위해 언제나 사람들이 필요했고 많은 지인들을 만나고 다녔다. 좋은 사람들은 또 다른 좋은 사람을 불러왔고 그렇게 남편을 소개받았다. 나와 다르게 언제나 평온한 사람. 든든하고 나를 지켜줄 수 있을 것 같아 좋았다. 1년, 그리 길지 않은 연애를 끝으로 우린 결혼을 결심했다.

결혼식 당일. 코로나로 많은 분들을 뵙지 못했지만 괜찮았다. 다만 한자리의 공간은 메워지지 않았다. 엄마는 아빠를 생각했을 것이고, 나는 할머니를 생각했다.

소중한 사람들의 축하 속에 식은 마무리 지어졌고 마지막으로 사진 촬영을 시작했다. 가족사진에 당연히 함께 할 줄 알았던 할머니는 객석에서 올라오지 않았다. 거동이 불편하다는 이유로 다른 가족들은 부축해 드리는 방법을 대신해 올라오지 말라고 할머니에게 눈치를 줬다.

 웃음만 가득하던 내 얼굴이 군자 촬영이 중단됐다. 엄마에게 할머니와 함께 사진 찍고 싶다고 말했지만. 근처에서 듣던 친척들은 가만있으라고 말렸다. 무겁고 거추장스러운 웨딩드레스에 높은 구두가 할머니를 데리러 가는 걸음을 막는 것 같았다. 눈물이 터지기 일보 직전. 오빠가 할머니를 모시고 왔다. 앨범 속 나는 할머니를 사진 속에 남길 수 없을지도 모른다는 아찔함에 표정이 잔뜩 일그러져있었다.

식이 끝나고 시아버지는 바쁜 발걸음으로 정산실로 향했다. 식사비용은 아버님께서 계산해 주고 싶으시다며 우리보다 빨리 결제를 마무리했다. 그리고 자켓 속주머니를 뒤적이시더니 돈봉투를 남편과 나에게 건넸다.

"먹고 싶은 거 있으면 눈치 보지 말고 먹어라. 잘 다녀와."

신혼여행에서 다 사 먹으라던 아버님. 시부모님께서 다정하셨다. 어머님은 소중한 물건이 있으면 꼭 내 손에 쥐여줬고 맛있는 게 있으면 입에 넣어주셨다. 아버님은 "할머니를 모셔야 할 날이 오면 니가 모셔라."라고 먼저 말씀해 주시기도 했다. 새로운 가족들은 '기존'의 가족과는 다르다는 생각에 오그라진 손, 발을 펼 수 없었다.

＊

가진 게 없으니 월급을 모아 남편에게 주자고 결심했다. 그동안 모은 2,000만 원. 사랑하는 사람에게 주고 싶었지만 "나중에, 결혼하면, 퇴사하면." 남편은 받기를 미뤘다. 가구, 가전, 집, 식장마저 모두 남편이 결제했다. 내게 가장 값진 것을 얼른 주고 싶은 마음이 부담으로 변했다. 돈을 받아주지 않으면 모자란 사람이 될 것 같아 조급해졌다.

퇴사하고 신혼집으로 이사까지 마무리했다. 남편에게 내 선물을 줄 완벽한 때였다. 두근두근 설레는 마음은 전화 한 통과 함께 철렁 바닥으로 꺼졌다.

결혼 전 가족들에게 신신당부했다. 남편에게 대출을 해달라거나 돈을 빌려달라는 소리를 일절 하지 말라고. 준 것도 없는데 피해는 주지 말아야 하지 않겠냐며 입이 닳도록 말했지만 오빠는 무슨 생각인지 신혼집에 와서는 사정 설명을 하며 돈을 빌려달라고 했다. 화도 났지만 미안한 감정도 함께 일었다. 내가 태어나지만 않았어도 부모님들은 덜 힘들었을 테고 그런 부모님 밑에서 자란 오빠는 자기 꿈을 펼치며 살 수 있지 않았을까 하는.

모두 내 탓 같았다. 마음 깊숙한 곳에서 올라오는 죄책감에 남편에게 내가 모아둔 돈을 빌려줘도 되느지 물었고 남편은 고개를 끄덕였다. 앞으로 사용할 생활비를 제외하고 1,500만 원을 입금해 줬다. 그렇게 나는 몸만 덜렁 간 결혼생활을 시작했다.

함께 살자 안 맞는 게 많았다. 정리 습관, 인테리어, 식사 취향. 따로 살았을 땐 신경 쓰지 않아도 될 것들이 눈에 밟히기 시작했다. 자기 물건은 자기가 정리하라며 잔소리하다가도 돈 하나 안 낸 내가 말할 자격이 있나 싶었다.

남편의 "왜?", "확실해?" 같은 말들은 나를 가장 미치게 했다. 정확한 사실이 필요했을 뿐인 사람에게 "내가 틀린 말을 해도 믿어달라."며 화를 냈다. 사실 검색해 보고 확인하면 끝나는 일이었다.

한번은 혼자 운전하다 날고 있는 새를 우연히 발견했다. 생각보다 큰 새였는데 날갯짓 없이 가만히 떠 있는 모습이 마치 연처럼 보여 이 얘기를 해주니 "그런 새는 없어. 네가 잘 못 본 거 아니야?"라는 말이 돌아왔다. 나중에 검색해 보니 황조롱이 같은 맹금류라는 사실을 알게 됐고 남편에게 내 말을 왜 믿어주지 않냐며 잔뜩 성질을 부리기도 했다.

모든 감정과 사실을 의심받는다는 생각에 불안과 긴장은 날이 갈수록 커졌고 할 말 안 할 말 모두 쏟아내야만 끝이 났다. 정리되지 않은 집, 남편과의 대화는 나를 화나게 했기에 집에 있는 시간을 줄여야겠다고 생각했다. 수십 장의 원서를 넣었고 모두 면접까지 붙었지만 잘 보던 면접의 끝에서 듣는 말은 항상 같았다.

"계약직인데 젊은 유부녀는 곤란할 것 같아요. 임신 관련 일들이 워낙 많아서."

아기 준비를 위해 2~3년만 일하는 것이 우리의 목표였지만 좀 더 일찍 주부로 정착하기로 했다. 밖에 나가는 날은 남편과 데이트할 때 정도였지만 함께 좋자고 나간 데이트는 항상 싸움으로 끝났다. 더위에 약한 남편이 조금이라도 짜증 내면 나 때문이라는 생각에 주눅 들었고 돈 얘기만 나오면 눈치를 봤다. 괜히 나오자고 해서 돈만 쓰고 남편을 힘들게 한 못된 아내라고 자책했다. 그런 자기 비하들은 나를 정상적인 생각을 하지 못하게 했다.

차단

 아빠가 돌아가신 뒤로 후회하고 싶지 않은 마음이 커지자 가장 마음이 쓰인 건 할머니였다. 할머니는 돌팔이 의사를 만나 죽을 뻔한 고비를 넘기기도 했고, 늘 단정히 정리되어 있던 마당에 돌부리가 생긴 뒤부터는 자주 넘어지기 시작했다. 약한 몸으로 더 이상 집도, 자신도 돌볼 수 없었다. 어른들은 무슨 생각을 하기에 이대로 두고만 보는지 답답했다.

 애가 탄 내가 할 수 있는 거라곤 가장 춥고 더울 때 잠시 신혼집에 모시는 것뿐이었다. 우리는 카페 또는 목욕탕을 가거나 화투를 치며 시간을 보냈다. 날이 좋으면 건강보험공단에서 휠체어를 빌려 산책을 가기도 했다. 그 소소한 일상의 추억들을 사진으로 남겼다. 사진을 찍고 나면 할머니에게 검사를 받아야했고 그중 제일 잘 나온 사진을 언제나 큰외삼촌에게 보내라고 했다.

"빨간 추레라 간다. 저런 거 보면 큰외삼촌 아닌가 싶어서 생각나고 그렇다."

트레일러를 운전하는 큰외삼촌을 그리워하며 빨갛고 큰 차들이 지날 때마다 할머니의 시선은 그 끝에 머문다. 질투심에 누가 더 좋으냐고 물으면 껄껄 웃으며 말을 흐렸다. 할머니의 말씀대로 몇 번의 사진을 보냈을까. 큰외삼촌은 나의 연락을 더 이상 받지 않았다. 아마 어른들끼리 오갔던 돈 얘기에 도리를 못 한 부담 때문이었으리라 짐작해 본다.

할머니를 신혼집에 모시지 않을 땐 모아둔 용돈으로 여행을 가기도 했다. 여행을 시작하기 전엔 목욕탕부터 갔는데 미끄러질까 무서워 내 눈앞에서 사라지지 않도록 지켜봤다. 탕을 좋아하는 할머니는 많은 관심을 받으며 몸을 불렸고, 난 근처에 앉아 할머니를 보거나 심부름을 했다.

"꼼짝 말고 가만히 여기 있어리."

목이 탄다는 말에 얼른 바나나우유를 사 오면 할머니는 다른 탕으로 가있었다. '나랑 놀다가 다치면 난 어쩌라고.'

할머니를 다그치는 목소리가 목욕탕 전체에 웅웅 퍼졌다. 할머니는 내 말을 잘 듣지 않는다. 하고 싶은 대로 멋대로. 그럴 때마다 내 얼굴은 울그락 불그락.

이제 할머니는 나와 함께 가는 여행에도 좀처럼 웃지 않는다.

※

 한번은 엄마가 함께 가고 싶다는 뜻밖의 말을 건넨다. 우리들 사이에서 '아직도 엄마 말을 믿어?'라는 말을 할 만큼 엄마는 약속을 자주 깼기 때문에 미심쩍었지만 그러자고 했다. 출발하기 전 날짜를 바꾸면 안 되는지, 시간을 미루면 안 되는지 물었고 이미 다 예약을 해놨기 때문에 시간 조정만 된다고 답했다. '역시.'

 어찌저찌 다 함께 오게 된 여행지에선 좀처럼 운전대를 맡기지 않아 엄마가 쭉 운전했다. 불안함을 참지 못하고 "너무 오른쪽으로 붙은 거 아니야?"라고 말하니 니 쪽에선 그렇게 보인다며 차선 이탈 경보음과 함께 말했다.

답답했다. 내비게이션 길을 보고 말해줘도 정반대로 간다. 할머니의 집 문제를 얘기할 때면 어른들이 해결해야 할 문제라며 호소할 뿐 나아진 게 없었다. 내 말은 듣지 않으면서 왜 물어보는 건지 의아했다. 즐겁자고 온 여행에서 추억이 아닌 스트레스만 쌓고 가는 기분이었다.

　여행을 마무리하고 할머니를 모셔다드리는 건 내 몫이었다.

　내가 살던 옛날 그 집, 지금도 할머니가 홀로 살고 있는 곳에 도착하자 눈물을 차올랐다. 화려했던 꽃이 없어진 건 오래, 파란 대문 한 짝은 떨어져 나가 있었다. 무너진 화장실 너머로는 골목길 건너 도랑 맞은편 집이 훤히 보였다. 더군다나 오빠가 지냈던 작은 방과 누워서 하늘을 보곤 했던 마루의 반이 내려앉아 있었다. 나무 기둥으로 겨우 버티고 있는 할머니 집을 보자 나 마저도 무너지는 느낌이 들었다. 엄마가 모시고 살겠다던 약속은 또 지켜지지 않았구나.

더 이상 말이 통하지 않는 엄마와 얘기하고 싶지 않았다.
나를 지키기 위해 슈퍼우먼이었던, 내 세상 전부였던 엄마를 차단했다.

재개

 부부 상담을 받고 남편과의 사이는 예전보다 나아졌다. 완전하진 않더라도 서로를 이해할 수 있는 충분한 계기가 됐다. 우리는 계획했던 나이에 맞춰 늦지 않게 2세 계획을 시작할 수 있었다. 산전 검사를 받고 필요한 접종을 맞으며 한 단계씩 준비해 갔다. 두 달쯤 지났을까, 몸의 변화가 시작됐다. 하루가 지날수록 한숨이 늘어가고 가슴이 답답했다. 임신과 유사한 증상에 기대했지만 이내 월경을 했기에 임신이 아님을 절감해야 했다.

 계속되는 답답함은 혹시 심장에 다시 문제가 생긴 것이 아닐까 무서웠다. 괜찮을 거라는 믿음과 달리 불안함은 쉬이 가시질 않았다.

산책을 했다. 문구점에 가는 길이었다. 카페에 가고 싶었다. 이 모든 것은 사실이 아니었다. 어쩌다 마주친 병원에, 어쩌다 들어가 검사 받고 싶었기에 핑계가 필요했다. 병원 근처를 배회하다 마음의 준비가 되지 않은 내게 계속 거짓말을 속삭이며 들어갔다. 첫날은 초음파 예약만 잡고 집으로 돌아갔다. 예약 당일. 초음파 검사받기 경력 29년 차였던 나로서는 그날따라 유난히 긴 검사 시간이 다른 날과 다름을 알 수 있었다. 의사 선생님의 중얼거림.

"폐고혈압 같은데."

초음파실에서 나오자마자 까먹을까 재빨리 검색해 봤다. 기대 평균 수명 3년. '우울한 암'이라고 불렸다고도 한다. 진찰해 주는 의사의 말은 다를지도 모른다는 기대는 의뢰서를 작성하며 임신 준비를 당장 중단하라는 말에 가차 없이 꺾였다.

퇴근하고 온 남편에게 대학병원에 가야 한다고 얘기했다. 식탁에 놓인 진료 의뢰서와 영상 CD가 담긴 두꺼운 봉투를 보며 걱정을 내뱉는 남편이었다. 이런 말을 해야 하는 내 자신이 너무 싫었다. 내가 그에게 해준 게 있긴 한가. 피해만 그득그득 주는 아내의 필요성을 찾았지만 그 어디에도 정답은 없었다.

파업으로 대학병원 예약이 전보다 어려웠지만 가까스로 한 달 뒤에 진료를 볼 수 있게 됐다. 그 기간 동안 서로 애써 웃었고 괜찮을 거라 다독이며 버텼다.

긴 대기시간, 짧은 진료. 초음파 예약을 다시 잡았다. 초음파를 보고 또다시 한 달. 검진 결과를 듣기 위해 또 한 달. 3개월 동안 우리는 지쳐갔다. 오랜만에 만난 의사는 시선을 모니터에 두며 말했다.

"괜찮네요. 이상 없어요. 2년에 한 번씩 정기검진만 받읍시다."

폐고혈압은 어떻게 된 것이냐 물었지만 오진이라며 심장은 아주 건강하다는 답이 돌아왔다. 떨떠름했지만 기쁜 마음으로 우리는 손을 맞잡았다. 건강한데 왜 가슴은 계속 답답할까.

오빠에게서 걸려 온 전화. "엄마 차단함?" 그렇다고 짧게 대답했다. 자식의 도리로서 그러면 안 된다는 꾸지람. 한 통의 전화로 답답함의 원인을 찾았다. 아무것도 해결하지 못했던 나 자신이 싫어서 생긴 증상이었다.

설득할 수 없었던 엄마를 원망하면서 그 뜻을 따라야 하는 나의 모자람이, 있어 본 적도 없는 신뢰, 대출이 아니면 나를 찾지 않는 모습에 존재 가치가 없다고 생각이 들었다. 내가 가장 사랑했던 사람을 아무런 해결 없이 외면해야 함도 버티지 못했다. 견딜 수 있을 것이라는 오만한 생각에 웃음이 났다.

 남편이 없는 시간이면 설거지하다가, 씻다가, TV를 보다 눈물이 나오면 흘려보냈다. 사람을 만날 때면 괜찮은 척 해보려 해도 입이 바르르 떨렸다. 온몸에 물을 가득 채운 채 걸어 다니는 느낌이었다. 물을 쏟지 않게 조심히 다녀야 했다. 누가 툭 치면 나오는 물은 잠글 수 없기에.

 스트레스로 잠에서 자주 깼고 피로함은 무기력으로, 무기력은 예민함으로 변했다. 일도 하지 않으면서 어째 교대 근무 하는 남편보다도 지쳐있었다. 피곤함에 낮잠에 들 때면 폭죽이 터지는 소리에 깨서 주변을 둘러보기도 했고, 책을 읽어주는 맹구 목소리에 피식거리기도 했다. 꿈인 줄 알았던 다양한 소리가 나중에야 입면 환청이라는 걸 알았다.

"내 말도 맞다고!"

남편과 기억도 나지 않는 사소한 이유들로 다시 싸우기 시작했다. 대개 내 말을 믿어달라는 요청이었다. 분을 삭일 때면 예전에 없던 감정이 일었다. '진짜 아무 생각 하기 싫다. 지친다. 내일은 안 왔으면. 지구 멸망 기원 1일차.' 무기력에 삼켜지는 나날. 추억 상자를 정리했다. 받았던 편지들과 선물들이 과거의 초라한 나를 보는 것 같아 두기 싫었다.

그 감정이 내 안에서만 요동쳤으면 차라리 나았을 텐데. 내 감정은 남편 아닌 다른 사람에게도 피해를 주기 시작했다. 지인들을 만나면 무슨 말을 해야 할지, 상대방이 날 평가할 것 같다는 긴장감은 술로 빠르게 해결했다. 텐션을 올리고 할 말이 없으면 무조건 "짠!"을 외쳤다. 큰 목소리로 하하 호호 웃다 보면 어느새 내 목소리는 서러움으로 변해있었다. 누군가의 감정을 내 감정으로 오해해서, 떠오르는 옛 생각에, 가족 전화의 벨 소리만 들려도 숨이 막혀 울음으로 쏟아냈다. 당연히 언제나 모임의 분위기는 내가 망쳐놨고 부축하는 남편도 힘들어했다.

상태의 심각함을 느꼈다. 삶을 포기할지언정 정신과는 들러봐야겠다고 생각했다. 남편에게 조심스레 말했고 우선 상담을 먼저 받아보는 게 어떻겠냐고 조언해 줬다. 1회 상담비가 꽤 비싸다는 사실에 또 돈을 써야 한다는 무거운 마음이 들었다. 상담이 계속 늦춰질 즘 전 국민 마음 투자 지원 사업으로 상담 지원을 받을 수 있다는 사실을 알게 됐다.

모든 준비를 마치고 상담받으러 간 첫날.

"제 얘기가 길어도 되나요?"

빛나는 쓰레기

 이 글의 끝은 '상담과 글쓰기를 통해 괜찮아졌다.'로 예정되어 있었다. 슬픔도 분노도 나쁜 기억은 모두 잊었다는 듯 마무리하려고 했다. 그것이 내가 바라던 모습이었으니까. 하지만 마음 한구석이 불편했고 더 이상 한 줄도 쓸 수 없었다.

 나는 여전히 타인의 시선이 두려워 맨 뒤에서 걷고 싶어 하며, 내가 했던 선택들을 후회하며 시간을 허비한다. 할머니와 갑작스러운 이별을 맞진 않을는지 걱정하는 밤을 보내고, 약속을 지키지 않는 사람들에게 까칠해진다. 깨끗해야 한다는 강박을 가지고 있으며, 설득되지 않는 상대방에게 무력감을 느낀다.

그런 내가 다 나아졌다고 말하는 행동이 과연 옳은 것일까. 끝에 내린 결론은 '나는 아직 괜찮지 않다.'였다. 괜찮아질 수 있는 방법을 모색하며 걷다, 뛰다, 쉬었다. 이윽고 내 시선 치인 것은 종량제봉투였다.

수거를 기다리는 봉투는 반짝 빛났다. 크리스마스에 달 듯한 알록달록한 색깔을 내는 전구가 그 안에서 존재를 증명해 내듯 빛을 뿜어내고 있다. 나는 그것을 쓰레기로 받아들일지, 전구로 받아들일지 잠시 고민했다. 얇은 봉투 막 하나로 존재와 가치가 나누어지는 게 허무하기도, 안타깝기도 했다. 전구와 내가 겹쳐 보였다.

얇은 막 밖에서 '쓰레기'라며 치부하고 가치 없음을 판단하는 사람들에게 나는 아직 소용 있음을 보여주려 빛을 내다 곧 타서 꺼져버린 모습이 아른거렸다. 쓸모없는 에너지를 소모해 온 것 같아 후회스럽기도 했다.

 결핍들은 상처를 더 아프게 했고, 끝내 '나로서 살면 미움받는다.'라는 생각에 다다랐다. 성인이 되고 찾은 해결책은 나를 아프게 한 사람 모두를 끊어내는 것이었다. 정리하고 말 것 없이 삼십육계 줄행랑 놓듯 끊어냈다. 내 방법이 잘못된 것을 지적이라도 하듯 나는 그 사람들이 금세 보고 싶었고, 새로운 사람들을 갈구했다. 언제나 사람에게 상처받으면서 사람을 찾았다.

 그중 가장 보고 싶었던 것은 누구보다 사랑했고 나를 가장 힘들게 했던 엄마였다. 내가 닿는 발자취들이 잘못됐다는 듯 닦아 없애는 엄마가 미웠다. 딸이 편했으면 좋겠다는 마음 하나로 딸을 지우는 엄마가 싫었다. 누구에게나 그랬듯 엄마도 그렇게 끊어냈다.

 내 안에 불던 태풍이 한풀 꺾이고 나서 가장 먼저 떠올린 것은 엄마의 삶이었다. 엄마는 어떤 환경에서 자랐는지, 어떤 욕구가 있었는지, 어떤 결핍이 있었고, 어떤 태풍과 마주했는지. 돈과 능력의 중요성을 깨닫는 순간이 있었을 것이다. 그 결핍이 내게 이어지는 것을 막고 싶었던 마음도 분명 있었으리라.

 <천문학자는 별을 보지 않는다>의 저자는 해와 달이 아름다운 건 저 멀리 떨어져 있기 때문이라고 한다. 사람과의 거리도 마찬가지이다. 적당한 거리가 서로를 당연하게 여기지 않고 간절하게 바라보게 만들며, 존재의 소중함과 아름다움을 더해준다고 말했다. 특히 "적당한 거리이기에 몸은 데이지 않고 마음은 베이지 않는다."라는 문장은 다시 다가갈 용기를 주기도 했다.

"이제야 엄마라는 바람 속에서 돛의 방향을 조절하게 될 수 있게 됐다."며 사과했다. 엄마는 내민 손을 흔쾌히 잡아주셨다.

✽

 때로 삶은 내가 살아갈 이유를 잃게 만들었고, 일어나려 해도 힘들게 만들었다. 누군가의 위로는 오히려 허무를 깊게 했다. 숨조차 쉬기 어려운 순간들, 슬픈 마음이 엎질러지지 않게 부단히도 노력하느라 더 이상 아무것도 할 수 없는 날들. 아마 앞으로도 그런 순간들이 반복될 것을 짐작한다. 그러나 쓰러져 울고 지치더라도 다시 일어나는 시간이 점점 빨라진다는 것을 이젠 안다.

 또한 나는 더 이상 혼자가 아님을 깨달았다. 내 존재를 선명히 바라봐 주는 사람들이 있음을 알기에 도와달라고 말할 수 있고 곁에 있는 가족과 친구 더 나아가 필요하다면 병원에 갈 수도 있다.

누군가가 예전에 나와 같은 무기력과 우울 속에 있다면 도리어 상실감에 빠져들게 한다는 것을 알기에 쉽사리 죽지 마라, 아프지 마라 라고 위로할 수 없다. 빗물에 떠내려가던 내 신발처럼 견디지 못한 감정이다. 그땐 희망이란 감정이 숨어 보이지 않을 수도 있다. 그럴 땐 무기력을 정통으로 받아내는 것도 방법이다. 나는 그냥 그곳에 있고 존재한다. 더 나아질 것도 없지만 더 나빠질 것도 없음을, 변하지 않는 것을 똑똑히 증명하듯.

그래도 시간이 지나 한 발을 뗄 수 있다면 밖에 나가서 주변을 바라봤으면 좋겠다. 당신을 붙들어줄 무언가를, 누군가를 발견하길 바란다.

공원을 산책하다 보면 나뭇잎들이 스치는 소리가 좋아 고개를 들어본다. 벌레나 새똥이 떨어지지 않을까 쓸데없는 생각들을 잠시 하다 보면 그 사이로 비치는 빛이 눈을 부시게 한다. 저 아이들은 태어난 지 3년쯤 됐을까. 선생님 손을 잡고 걸어가는 아이들을 보기도 한다. 바람을 이길 재간이 없다는 듯 나보다 빠른 속도로 굴러가는 낙엽과 거리에 낙서들, 갈라진 시멘트 사이에 핀 꽃들을 바라본다. 내가 사랑하는 것들이다.

내가 존재함을 말하지 않아도 그저 나로 봐주는 사람이 있었음과 그것도 꽤 많았다는 걸 알게 됐다. 내 안부를 궁금해하며, 잊고 있던 추억들을 기억해 내게 했던 지인들, 11시 25분이 되면 나의 생일과 같은 숫자라며 종종 연락을 보내오는 친구. 반가움에 웃으며 내 이름을 불렀던 모든 사람들. 생각해 보면 난 언제나 긴 말에 무너지고, 짧은 한마디에 다시 일어났다.

나는 여전히 뒤에서 걷는 것을 좋아하고, 매 순간 후회한다. 이런저런 걱정에 할머니에게 자주 찾아가고 약속을 어기는 사람에게 약속 좀 지키라고 한마디 하기도 한다. 남들보다 조금 더 깨끗하며 설득되지 않을 땐 중요한 일도 아닌데 '마음대로 사세요.' 하고 생각하며 내려놓기도 한다.

매일 행복할 예정이라고 말하며 동화처럼 끝낼 수 있다면 좋았을까.

조금은 벅찬 하루 속 쓰레기봉투 속 전구, 고양이들의 숨소리, 친구들의 안부. 어쩌면 하찮았던 시작들이 나를 인생을 바꾼다. 조금 찌그러진 당신을 채울 무언가를 발견할 수 있기를 바란다.

✳ ✳ ✳

 내 이야기를 온전히 담아내기엔 아직 용기가 모자라, 문단 사이에 빈 공백이 느껴지기도 했지만, 그대로 두기로 했다.

 내게 있던 결핍처럼 아마 그들에게도 말하지 못할 사정들이 있었으리라. 그 과거를 함부로 위로 할 수 없지만, 내게 던졌던 날카로운 말들을 조금은 이해하려한다.

 글을 쓰다 보니, 크게 느꼈던 힘듦은 의외로 작았고, 작게 여겼던 행복은 꽤 컸음을 깨달았다. 나로서 살아가다 보면 좀 더 괜찮은 순간들이 올 것 같다는 기대도 하게 됐다.

더 나은 앞을 위해 상담에서 들었던 세가지 이야기는 마음 속 깊이 기억해두려고 한다.

1. 감정을 잘 분리하기.
   타인의 감정을 내 것이라 착각하지 말고, 내가 감당할 수 있는 감정이 무엇인지 스스로 확인해야 한다.

2. 자기합리화의 또 다른 이름은 자기방어.
   자신을 먼저 지킬 수 있어야 한다.

3. 우연과 필연을 구분하기.
   일어날 일은 내가 없어도 일어난다. 자신을 탓하며 시간 보내지 말자.

누군가가 당신에게 무언가를 바란다면, 그건 바라는 사람의 욕심이다.

세상은 생각보다 나에게 아무것도 요구하지 않는다. 오늘 하루도 부디 당신으로 살아가길.

괜찮으려고, 괜찮아지려고

지은이 | 정소명
표지디자인 | 정소명
이메일 | nnmy25@naver.com
발행처 | 도서출판 진포
발행일 | 2025년 12월 10일

ISBN | 979-11-93403-46-4

인　쇄 | 진포인쇄
주　소 | 전북특별자치도 군산시 팔마로4
전　화 | 063)471-1318

ⓒ 괜찮으려고, 괜찮아지려고
본 책은 저작자의 지적 재산으로서 무단 전재와 복제를 금합니다.